EL DEVOCIONARIO DE UN AÑO PARA MUJERES JUBILADAS

DEVOCIONALES DE 5 MINUTOS PARA ENCONTRAR TU PROPÓSITO, SENTIRTE REALIZADA Y FORTALECER TUS RELACIONES MIENTRAS TE ADENTRAS EN ESTE NUEVO CAPÍTULO DE TU VIDA

BIBLICAL TEACHINGS

Copyright© 2025 por Biblical Teachings - Todos los derechos reservados.

Queda prohibida la reproducción total o parcial de este libro, en cualquier forma o por cualquier medio electrónico o mecánico, incluidos los sistemas de almacenamiento y recuperación de información, sin el permiso escrito del autor, excepto para el uso de citas breves en una reseña del libro.

Bajo ninguna circunstancia se podrá culpar o responsabilizar legalmente a la editorial, o al autor, por cualquier daño, reparación o pérdida monetaria debida a la información contenida en este libro, ya sea directa o indirectamente.

Aviso legal:

Este libro está protegido por derechos de autor. Es solo para uso personal. No puede modificar, distribuir, vender, utilizar, citar o parafrasear ninguna parte o el contenido de este libro sin el permiso del autor o del editor.

Aviso de exención de responsabilidad:

Tenga en cuenta que la información contenida en este documento tiene únicamente fines educativos y de entretenimiento. Se ha hecho todo lo posible por presentar una información exacta, actualizada, fiable y completa. No se declaran ni se implican garantías de ningún tipo. Los lectores reconocen que el autor no ofrece asesoramiento legal, financiero, médico o profesional. El contenido de este libro procede de diversas fuentes. Por favor, consulte a un profesional licenciado antes de intentar cualquier técnica descrita en este libro.

Al leer este documento, el lector acepta que, bajo ninguna circunstancia, el autor es responsable de cualquier pérdida, directa o indirecta, en la que se incurra debido al uso de la información contenida en este documento, incluyendo, pero no limitado a, errores, omisiones o inexactitudes.

CONTENTS

Y así, comienza el viaje...   vii

1. El último día — 1
2. Redefinirme — 3
3. Nuevos comienzos — 5
4. Enfrentarse a lo desconocido — 7
5. Reencontrar la alegría — 9
6. La fe por enxima del miedo — 11
7. Crear tus días — 14
8. Amarte a ti misma — 16
9. Equilibrar la vida — 18
10. Ajustar las velas — 21
11. Revivir viejas llamas — 24
12. Espíritu aventurero — 27
13. Flujo creativo — 29
14. Nunca dejes de aprender — 32
15. El mundo de las palabras — 34
16. Conocedoras de la tecnología — 37
17. Corazón de servicio — 40
18. Marcar la diferencia — 43
19. El legado de la sabiduría — 45
20. Momentos entrañables — 50
21. Tradiciones familiares — 52
22. Manejar las dinámicas familares — 54
23. Viejos amigos, nuevos recuerdos — 57
24. Nuevas conexiones — 59
25. Sistema de apoyo — 61
26. Redescubrirnos — 63
    Iluminar el camino a otra mujer — 65
27. Unión — 68
28. Comunicarse con amor — 70
29. Celebración de hitos — 72
30. Momento de tranquilidad — 76
31. Palabras de sabiduría — 78
32. Comunidad religiosa — 80

33. Nuevos horizontes	82
34. Cercimiento continuo	84
35. Propósito diario	86
36. Vida activa	89
37. Alimentar el cuerpo y el alma	91
38. La miente importa	94
39. Salud holística	97
40. Pasión por viajar	102
41. Explorar nuevos lugares	104
42. El camino de los recuerdos	107
43. La felicidad del descanso	110
44. Serenidad en casa	113
45. Pasatiempos tranquilos	115
46. Reconocer los logros	118
47. Organizar eventos memorables	120
48. Conmemorar momentos	123
49. Escribir un diario de tu viaje	125
50. Corazón agradecido	128
51. Abrazar tu crecimiento	131
52. Planificar el futuro	134
Transmitir la sabiduría	137
Y así, el viaje continúa	139

ESTUDIO DE LA BIBLIA
-Kit de inicio-

Descubre una forma **sencilla y eficaz** de estudiar **La Biblia**

- *No más conjeturas* - aprende a estudiar la Biblia **con confianza y claridad.**

- Descubre un método de estudio que se *adapta perfectamente a tu vida ajetreada, **sin agobios**.*

- **Crea una rutina de estudio bíblico** *que realmente te apetezca seguir,* no solo otra tarea más en tu lista de cosas por hacer.

ESCANEA EL CÓDIGO QR PARA OBTENER TU EJEMPLAR GRATUITO

Y ASÍ, COMIENZA EL VIAJE...

Bienvenida a "*El Devocionario de un Año para Mujeres Jubiladas*". La jubilación es un hito importante, una transición hacia una nueva etapa de la vida llena de potencial y oportunidades. Tanto si te has jubilado recientemente como si estás a punto de embarcarte en este viaje, este devocionario está diseñado para guiarte a través de los cambios y desafíos a los que te puedes enfrentar.

En estas páginas encontrarás 52 devocionales semanales, cada uno de ellos cuidadosamente creado para ayudarte a descubrir un nuevo propósito, a sentirte realizada y a establecer vínculos significativos. Los devocionales están arraigados en las Escrituras y enriquecidos con historias de la vida real y consejos prácticos, adaptados a las experiencias y necesidades únicas de las mujeres jubiladas.

Entendemos que la jubilación trae consigo una mezcla de emociones: entusiasmo, incertidumbre y quizás un poco de aprensión. Este devocionario tiene como objetivo proporcionar consuelo espiritual e ideas prácticas que te ayuden a afrontar tu jubilación con gracia y alegría. Cada semana, encontrarás aliento para reflexionar sobre tu pasado, celebrar tu presente y mirar hacia el futuro con esperanza y expectación.

Y ASÍ, COMIENZA EL VIAJE...

Cómo utilizar este libro:

1. **Compromiso semanal:** Reserva un tiempo cada semana para leer un devocional. Puedes leerlos en orden o elegir el que más te llame la atención en cada momento. No dudes en anotar la fecha de cada entrada para llevar un registro de tu viaje. No te preocupes si te pierdes una semana: la guía de Dios siempre está disponible.
2. **Comienza con las Escrituras:** Empieza leyendo el título y el versículo bíblico correspondiente para establecer el contexto de tu reflexión.
3. **Involúcrate en la historia:** Sumérgete en la narración y déjate llevar por las experiencias compartidas. Estas historias están diseñadas para que resuenen con tu propio viaje.
4. **Reflexiona y relaciona:** Después de la historia, tómate un momento para reflexionar sobre las lecciones aprendidas y cómo se aplican a tu vida. Esta sección está pensada para enlazar la historia con tus experiencias personales como jubilada.
5. **Actúa:** Cada devocional incluye medidas prácticas. Úsalos para implementar cambios y hacer que las lecciones formen parte de tu vida diaria.
6. **Tiempo de oración:** Termina la sesión con la oración proporcionada, abriendo tu corazón a Dios y buscando su guía y fortaleza para la semana que tienes por delante.

A medida que explores estos devocionales, encontrarás temas de fe, valor, amor y nuevos comienzos. Desde la búsqueda de nuevos propósitos y la realización hasta el fortalecimiento de las relaciones y la aceptación del cambio, cada devocional ofrece valiosas ideas para enriquecer tus años de jubilación.

Este es TU momento para crecer, conectarte y prosperar. Que estos devocionales se conviertan en una fuente de consuelo, inspiración y crecimiento en tu transición hacia este hermoso nuevo capítulo. Recuerda, el amor de Dios por ti es inquebrantable, y Sus planes para ti están llenos de esperanza y futuro.

Da hoy el primer paso. Abre tu corazón, abraza el viaje y recorramos juntas este camino durante el próximo año. Tu capítulo más satisfactorio acaba de empezar...

Bienvenida a tu viaje de jubilación.

P.D. *Todas las citas de las Escrituras están tomadas de la Santa Biblia, Nueva Versión Internacional (NVI), a menos que se indique lo contrario.*

La transición hacia la jubilación

1
EL ÚLTIMO DÍA

___ / ___ / _____

"Porque yo sé los planes que tengo para vosotros", declara el Señor, "planes de prosperaros y no de perjudicaros, planes de daros esperanza y *futuro.*"

— JEREMÍAS 29:11

¿Alguna vez te has sentido perdida tras dejar atrás algo que te definió durante tantos años? El final de mi carrera fue un momento de emociones encontradas: alivio, tristeza e incertidumbre a la vez. Recuerdo despertarme el primer lunes de mi jubilación, sintiendo un vacío donde antes estaba mi rutina. Mientras sorbía mi café matutino, me preguntaba: *"¿Y ahora qué?".*

Jeremías 29:11 nos ofrece un profundo consuelo en esos momentos de transición. El plan de Dios para nosotros va más allá de nuestras carreras profesionales. Abarca toda nuestra vida y nos promete esperanza y un futuro lleno de sentido. Asumir esta verdad me ayudó a ver la jubilación no como un final, sino como un nuevo comienzo.

Empecé a ver mis días como lienzos en blanco, listos para ser pintados con nuevas experiencias, pasiones y formas de servir. Me uní a un grupo de voluntariado local de pintura y pasé mucho tiempo con mi familia. Cada día, descubría que los planes de Dios para mí seguían desarrollándose, llenos de oportunidades para crecer y bendecir a los demás.

Recuerda que la jubilación no es el final de tu historia. Es un nuevo capítulo, escrito por el Autor de la Vida, que ha trazado cada página con cuidado y propósito. Acepta este cambio con el corazón abierto, confiando en que los planes de Dios para ti son buenos.

Próximos pasos

Reflexiona sobre una pasión o afición que hayas dejado de lado. Esta semana, dedica tiempo a redescubrirla. Únete a un grupo o asiste a una clase relacionada con ella y observa cómo enriquece tu vida.

Oración

Querido Dios, ayúdame a abrazar esta nueva etapa de la vida con esperanza y confianza en Tus planes. Guíame para descubrir nuevas alegrías y propósitos. Amén.

2
REDEFINIRME

___ / ___ / _____

"Por lo tanto, si alguien está en Cristo, la nueva creación ha llegado: ¡Lo viejo se ha ido, lo nuevo está aquí!"

— 2 CORINTIOS 5:17

¿*A*lguna vez te has levantado una mañana, te has mirado al espejo y te has preguntado: *"quién soy ahora"*? A menudo, la jubilación puede traer esta pregunta a primer plano cuando nos alejamos de las carreras que una vez nos definieron. Durante años, nuestras identidades pueden haber estado estrechamente ligadas a nuestros puestos de trabajo, responsabilidades y logros profesionales. Pero ahora, en esta nueva etapa de la vida, estamos llamadas a redescubrirnos y redefinirnos a la luz de la verdad de Dios.

2 Corintios 5:17 nos recuerda que en Cristo somos nuevas creaciones. Esto significa que nuestro valor e identidad no están anclados en lo que hacemos, sino en lo que somos como hijos amados de Dios. Este cambio puede desorientarnos al principio, pero también es una oportunidad para explorar y abrazar la plenitud de lo que Dios nos creó para ser.

Piensa en esto: tu carrera fue un capítulo, no el libro entero de tu vida. Este nuevo capítulo está lleno de páginas en blanco que esperan ser escritas con nuevas aventuras, pasiones y propósitos. Aprovecha este tiempo para explorar intereses que hayas dejado de lado, profundizar en tus relaciones e invertir en tu crecimiento espiritual. Recuerda que Dios está contigo en este viaje de autodescubrimiento, guiándote y dándote forma en cada paso del camino.

Conocí a una mujer llamada Susan. Fue una profesora dedicada durante más de treinta años. Al jubilarse, se sintió perdida sin sus alumnos y sus rutinas diarias. Pero, mientras se refugiaba en su fe, descubrió su amor por la pintura y se apuntó a una clase de arte local. También empezó a ser tutora de mujeres jóvenes en su iglesia, y se alegró de compartir su sabiduría y sus experiencias. La historia de Susan es un hermoso ejemplo de cómo la jubilación puede ser un tiempo de crecimiento enriquecedor y satisfactorio cuando permitimos que Dios nos redefina.

Así que, ánimo. Abraza este nuevo capítulo con valentía y curiosidad. Confía en que tu identidad en Cristo es más profunda y duradera que cualquier puesto de trabajo. Permítete soñar, explorar y crecer de maneras que nunca imaginaste. Dios tiene planes increíbles para ti en esta etapa y más allá.

Próximos oasos

Esta semana, dedica un tiempo cada día a reflexionar sobre una afición o interés que siempre hayas querido tener. Da el primer paso, ya sea investigando, apuntándote a una clase o simplemente reservando tiempo para practicarlo.

Oracíon

Querido Dios, ayúdame a abrazar mi nueva identidad en Ti y guíame mientras exploro nuevas pasiones y propósitos en esta etapa. Amén.

3
NUEVOS COMIENZOS

___ / ___ / _____

"Sé fuerte y valiente. No temas ni *te* desanimes, porque el
Señor, tu Dios, estará contigo dondequiera que vayas".

— JOSÉ 1:9

¿*A*lguna vez has enfrentado una temporada de cambios y te has sentido abrumada por la incertidumbre? La jubilación suele traer consigo ese tipo de momentos en el que las rutinas familiares de la vida laboral se desvanecen y se abre un camino nuevo e inexplorado. Sin embargo, es en esos momentos cuando la promesa de Dios en Josué 1:9 se convierte en un faro de esperanza y seguridad.

Margaret, que había dedicado más de cuarenta años a su carrera de enfermera, sintió una profunda sensación de pérdida y aprensión cuando llegó el momento de jubilarse. El hospital, sus colegas y sus pacientes habían sido el centro de su identidad durante tanto tiempo. ¿Cómo encontraría sentido y paz en esta nueva etapa de su vida?

Decidida a aceptar este cambio con fe, Margaret optó por ser fuerte y valiente, confiando en que Dios estaba con ella en esta transición. Empezó reconectando con su amor por la jardinería, una afición que había descuidado debido a su exigente trabajo. Todas las mañanas encontraba consuelo y alegría cuidando sus flores y hortalizas, viéndolas crecer y florecer bajo sus cuidados.

Cuando Margaret cultivó su jardín, se dio cuenta de que también estaba cultivando su espíritu. La paz que encontró en esos momentos de tranquilidad en su jardín se extendió a otras áreas de su vida. Empezó a trabajar como voluntaria en un huerto comunitario, compartiendo sus conocimientos y su pasión con los demás. Esto no solo le dio un nuevo sentido a su vida, sino que también la conectó con una nueva comunidad.

El viaje de Margaret nos muestra que los nuevos comienzos, aunque desafiantes, pueden estar llenos de paz y propósito cuando confiamos en la presencia de Dios y abrazamos las oportunidades que se nos presentan. La jubilación no es un final, sino un nuevo comienzo, una oportunidad para explorar pasiones, entablar nuevas relaciones y crecer espiritualmente.

Querida lectora, al igual que Margaret, tú también puedes encontrar la paz en el cambio apoyándote en tu fe y explorando los intereses y actividades que te aportan alegría. Recuerda que Dios está contigo en cada paso de este viaje, guiándote y apoyándote.

Próximos pasos

Esta semana, tómate un momento para reflexionar sobre una actividad o afición que te gustaba pero que has dejado de lado. Dedica tiempo a retomarla y observa cómo aporta paz y satisfacción a tu vida.

Oración

Querido Dios, ayúdame a encontrar la paz en este nuevo capítulo de mi vida. Guíame para que pueda abrazar los nuevos comienzos con valentía y alegría. Amén.

4
ENFRENTARSE A LO DESCONOCIDO

___ / ___ / _____

> "No se inquieten por nada, más bien, en toda *ocasión*, con oración y ruego, presenten sus peticiones a Dios y denle gracias".
>
> — FILIPENSES 4:6

¿Alguna vez te has quedado despierta por la noche, con la mente llena de preocupaciones sobre el futuro? La jubilación puede traer consigo una avalancha de ansiedades e incertidumbres. Sin las rutinas y estructuras familiares de la vida laboral, es fácil sentirse perdido y abrumado. Pero la palabra de Dios en Filipenses 4:6 nos ofrece un poderoso antídoto contra nuestros temores: la oración y la acción de gracias.

En esos momentos de ansiedad, es importante recordar que no estamos solos. Dios está con nosotros, dispuesto a escuchar nuestras preocupaciones y a reconfortarnos. Cuando me jubilé por primera vez, sentí una profunda incertidumbre. Las preguntas sobre mi propósito, mis finanzas y mi salud se cernían sobre mí. Pero cada vez que me sentía abrumada, recurría a la oración, presentaba mis preocupaciones ante Dios y le daba gracias por su firme presencia en mi vida.

La oración se convirtió en mi ancla. A través de ella, encontré una sensación de paz que superaba mi comprensión. Empecé a llevar un diario de gratitud, escribiendo al menos tres cosas por las que estaba agradecida cada día. Esta sencilla práctica cambió mi enfoque de lo que me faltaba a lo que tenía, llenando mi corazón de gratitud y aliviando mi ansiedad.

Querida lectora, mientras atraviesas esta nueva etapa, ten en cuenta que es normal sentir ansiedad por lo desconocido. Pero también debes saber que tienes una poderosa herramienta en la oración. Lleva tus preocupaciones a Dios, agradécele por sus bendiciones y confía en su plan para tu futuro. Recuerda que la promesa de paz de Dios no depende de nuestras circunstancias, sino de Su presencia inquebrantable en nuestras vidas.

Enfrentarse a lo desconocido puede ser desalentador, pero con Dios a tu lado, puedes manejarlo con gracia y fe. Aprovecha este momento como una oportunidad para profundizar tu relación con Él, apoyarte en Sus promesas y crecer en tu fe. Confía en que Él tiene un plan para ti, un plan lleno de esperanza y de futuro.

Próximos pasos

Empieza esta semana un diario de gratitud. Cada día, escribe tres cosas por las que estés agradecida y dedica unos minutos a rezar, presentando tus preocupaciones a Dios y agradeciéndole sus bendiciones.

Oración

Querido Dios, ayúdame a confiar en Tu plan y a encontrar paz en Tu presencia. Guíame a través de mis ansiedades y llena mi corazón de gratitud. Amén.

5
REENCONTRAR LA ALEGRÍA

___ / ___ / _____

"Porque convertiré su luto en alegría, y los consolaré y les daré gozo por su dolor".

— JEREMÍAS 31:13

*L*a jubilación trae consigo un torbellino de emociones. A veces, la emoción inicial se ve ensombrecida por una sensación de pérdida o incertidumbre sobre lo que nos depara el futuro. Sin embargo, cada final allana el camino para un nuevo comienzo, y con él, la oportunidad de redescubrir la alegría en lugares inesperados. Jeremías 31:13 ofrece una hermosa promesa: Dios convertirá nuestro luto en alegría y nos consolará, sustituyendo nuestra tristeza por alegría.

Cuando mi amiga Alice se jubiló, al principio sintió una profunda pérdida. Su carrera había sido una parte importante de su identidad y le costó encontrar su lugar en esta nueva etapa de su vida. Pero Alice decidió no sumirse en la tristeza. Vio la jubilación como una oportunidad para explorar nuevos intereses y reencontrarse con los antiguos.

A Alice siempre le había gustado la música, pero la había dejado de lado debido a su apretada agenda. Al disponer de más tiempo libre, se unió a un coro local. Cantar con otras personas le proporcionó una inmensa alegría y un renovado sentido de propósito.

La camaradería y la pasión compartida en el coro le levantaron el ánimo y llenaron sus días de felicidad. También empezó a trabajar como voluntaria en un centro comunitario, utilizando sus habilidades organizativas para ayudar con eventos y programas. Alice descubrió que retribuir a la comunidad enriquecía su vida de un modo que no había previsto.

La historia de Alice es un testimonio del poder transformador de aceptar los nuevos comienzos. Al salir de su zona de confort y probar nuevas actividades, no solo encontró la alegría, sino que creó una comunidad de apoyo a su alrededor. Su experiencia nos recuerda que nunca es demasiado tarde para volver a encontrar la alegría y celebrar las oportunidades que brindan los nuevos comienzos.

Querida lectora, mientras recorres este nuevo capítulo, recuerda que la alegría no es un recuerdo lejano, sino una promesa de Dios. Abraza los nuevos comienzos en tu vida con el corazón abierto, y encontrarás alegría y consuelo en lugares inesperados. Confía en que Dios está contigo, convirtiendo tu duelo en alegría y llenando tus días con Sus bendiciones.

Próximos pasos

Esta semana, identifica una actividad o un interés que siempre hayas querido perseguir. Da el primer paso, ya sea apuntándote a una clase, uniéndote a un grupo o haciendo voluntariado. Observa cómo este nuevo comienzo aporta alegría a tu vida.

Oración

Querido Dios, gracias por la promesa de alegría y nuevos comienzos. Ayúdame a abrazar esta etapa con el corazón abierto y a encontrar la alegría en cada nuevo día. Amén.

6
LA FE POR ENXIMA DEL MIEDO

___ / ___ / _____

"Porque yo sé los planes que tengo para vosotros", declara el Señor, "planes de prosperaros y no de perjudicaros, planes de daros esperanza y futuro".

— JEREMÍAS 29:11

¿Sabías que casi el 40 % de los jubilados dicen sentirse ansiosos por su futuro? No es raro sentir miedo cuando nos enfrentamos a lo descono-

cido. La transición a la jubilación puede ser desalentadora, pero también es una oportunidad para profundizar en nuestra fe y confiar en el plan de Dios para nosotros. Jeremías 29:11 nos recuerda que los planes de Dios están diseñados para prosperarnos y darnos esperanza.

Consideremos la historia de Helen, que tenía una próspera carrera como directora de escuela. Cuando llegó el momento de jubilarse, sintió una mezcla de emoción y miedo. ¿Qué haría sin la estructura diaria y el propósito que le proporcionaba su trabajo? Helen luchaba contra la incertidumbre sobre su nuevo papel y su futuro.

En lugar de dejarse dominar por el miedo, Helen recurrió a su fe. Pasó tiempo rezando, pidiendo a Dios que la guiara y le diera paz. También se sumergió en las Escrituras, encontrando consuelo en las promesas de Dios. Poco a poco, Helen sintió un cambio. Su miedo empezó a disiparse, sustituido por una creciente confianza en el plan de Dios para su vida.

Helen decidió trabajar como voluntaria en un programa local de alfabetización, ayudando a adultos a aprender a leer. Este nuevo papel le proporcionó una inmensa alegría y satisfacción. Se dio cuenta de que sus habilidades y pasiones aún podían tener un impacto significativo, solo que en un contexto diferente. Confiando en Dios, Helen descubrió un nuevo propósito igualmente gratificante.

La experiencia de Helen nos enseña que la fe puede transformar nuestros miedos en oportunidades de crecimiento y alegría. Confiar en el plan de Dios no elimina la incertidumbre, pero nos da fuerzas para afrontarla con confianza y esperanza. Cuando nos apoyamos en nuestra fe, podemos navegar por lo desconocido con gracia, sabiendo que los planes de Dios son siempre para nuestro bien.

Recuerda que el plan de Dios para ti está lleno de esperanza y promesas. Abraza esta temporada con fe, confiando en que Dios te guiará hacia nuevas y satisfactorias oportunidades. Suelta el miedo y aférrate a Sus promesas.

Próximos pasos

Esta semana, dedica tiempo cada día a reflexionar sobre Jeremías 29:11. Escribe cualquier temor o incertidumbre que tengas sobre el futuro y reza para que Dios te guíe y te dé paz. Busca formas de servir a los demás utilizando tus habilidades y pasiones.

Oración

Querido Dios, ayúdame a confiar en Tu plan y a dejar ir mis temores. Guíame hacia nuevas oportunidades que me traigan alegría y plenitud. Amén.

7
CREAR TUS DÍAS

___ / ___ / _____

"Enséñanos a contar nuestros días, para que adquiramos un corazón sabio".

— SALMO 90:12

¿Sabías que tener una rutina diaria constante puede mejorar significativamente tu bienestar mental y emocional? Establecer rituales diarios puede ayudar a aportar un sentido de propósito y paz a tu vida, especialmente durante la jubilación, cuando ya no existe la estructura de un horario de trabajo. El Salmo 90:12 nos anima a contar nuestros días con sabiduría, destacando la importancia de hacer que cada día cuente.

Les presento a Joan, una profesora de danza jubilada. Se encontró luchando con la repentina extensión de un tiempo sin estructura. Sin sus clases de danza y sus alumnos, Joan se sentía a la deriva e improductiva. Se dio cuenta de que, para prosperar en la jubilación, necesitaba crear nuevos ritmos que aportaran sentido y alegría a su vida cotidiana.

Joan empezó por establecer un ritual matutino. Cada día, empezaba con una taza de té, seguida de un rato de oración y lectura de las Escrituras.

Este comienzo en silencio la tranquilizaba y le daba un tono positivo al día. También incorporó un paseo diario, que no solo la mantenía físicamente activa, sino que también le proporcionaba momentos de reflexión y gratitud.

Por las tardes, Joan dedicaba tiempo al aprendizaje y la creatividad. Se unió a un club de lectura local, empezó a pintar e incluso a escribir sus memorias. Estas actividades estimulaban su mente y alimentaban su alma. Por la noche, preparaba una cena saludable y pasaba tiempo de calidad con su marido, lo que reforzaba su vínculo.

Los rituales diarios de Joan transformaron su experiencia de jubilación. Al crear intencionadamente sus días, encontró un sentido renovado de propósito y plenitud. Su historia nos recuerda que los rituales diarios, por sencillos que sean, pueden aportar estructura, alegría y enriquecimiento espiritual a nuestras vidas.

Intenta establecer ciertos hábitos diarios que te aporten alegría y te conecten con Dios mientras encuentras tu camino en la jubilación. Establecer algunos hábitos diarios puede darte un sentido de estabilidad y propósito que puede convertir cada día en otro paso significativo en este camino.

Próximos pasos

Esta semana, identifica uno o dos rituales que puedas incorporar a tu rutina diaria. Ya sea una oración matutina, un paseo diario o una actividad creativa, comprométete con estas prácticas y observa cómo influyen en tu sensación de bienestar y propósito.

Oración

Querido Dios, ayúdame a crear rituales diarios que te honren y traigan alegría a mi vida. Guíame para que cada día tenga sentido. Amén.

8
AMARTE A TI MISMA

___ / ___ / _____

"¿No sabéis que vuestros cuerpos son templos del Espíritu Santo, que está en vosotros, el cual habéis recibido de Dios? No sois vuestros".

— 1 CORINTIOS 6:19

¿Alguna vez te has sentido culpable por dedicarte tiempo a ti misma? Como mujeres, a menudo damos prioridad a las necesidades de los demás sobre las nuestras, especialmente durante los años de trabajo. Sin embargo, la jubilación ofrece una oportunidad única para cambiar ese enfoque y abrazar el cuidado personal, reconociéndolo como una parte esencial de honrar el templo que Dios nos ha dado.

En 1 Corintios 6:19 se nos recuerda que nuestros cuerpos son templos del Espíritu Santo. Este versículo nos llama a cuidarnos no por vanidad, sino por reverencia al don divino de nuestro bienestar físico y mental. Cuando me jubilé por primera vez, luché con la idea del autocuidado, sintiendo que era egoísta poner mis necesidades en primer lugar. Pero pronto me di cuenta de que cuidar de mí misma no solo era beneficioso para mí, sino también para los que me rodeaban.

Empecé a incorporar pequeños actos de autocuidado en mi rutina diaria. Empezaba las mañanas dando un tranquilo paseo, disfrutando de la belleza de la naturaleza y del tiempo de silencio con Dios. Disfrutaba preparando comidas saludables y alimentando mi cuerpo con alimentos nutritivos. También dediqué tiempo a aficiones que me gustaban pero que había descuidado, como la lectura y la pintura. Estas actividades revitalizaron mi espíritu y aportaron una renovada sensación de alegría y plenitud a mi vida.

El autocuidado no es un lujo, sino una necesidad. Es una manera de honrar a Dios cuidando el cuerpo y la mente que Él te ha confiado. Al dar prioridad al cuidado personal, estarás mejor preparada para servir a los demás y cumplir los propósitos que Dios tiene para tu vida. Recuerda, amarte a ti misma es una parte integral de tu viaje espiritual.

Al abrazar esta nueva etapa, tómate tu tiempo para descubrir qué significa para ti el autocuidado. Puede ser algo tan sencillo como disfrutar de una taza de té en silencio, darte un baño relajante o participar en actividades creativas que te aporten alegría. El autocuidado es algo muy personal y no existe un enfoque único que sirva para todos.

Próximos pasos

Esta semana, elige una actividad de autocuidado que te guste y comprométete a realizarla a diario. Reflexiona sobre cómo esta práctica nutre tu espíritu y mejora tu bienestar.

Oración

Querido Dios, ayúdame a honrar y cuidar el cuerpo y la mente que Tú me has dado. Enséñame a adoptar el autocuidado como un acto de amor y gratitud. Amén.

9
EQUILIBRAR LA VIDA

___ / ___ / _____

"Todo tiene su tiempo, y una temporada para cada actividad bajo el cielo".

— ECLESIASTÉS 3:1

*A*frontar la libertad que conlleva la jubilación puede ser tan estimulante como desafiante. La ausencia de un horario fijo a menudo nos lleva a preguntarnos cómo estructurar nuestros días de forma que nos aporten equilibrio y satisfacción. Eclesiastés 3:1 nos recuerda que todo tiene su tiempo, destacando la importancia del equilibrio y la temporada adecuada para cada actividad.

Tomemos como ejemplo la historia de Carol. Tras décadas de una exigente carrera en el mundo de las finanzas, Carol se encontró de repente con mucho tiempo libre y sin un plan claro para llenarlo. Al principio, disfrutaba del tiempo libre, pero pronto se sintió inquieta e improductiva. Al darse cuenta de que necesitaba una estructura, decidió crear un horario que equilibrara el descanso, la productividad y el disfrute.

Carol empezó por dar prioridad a su bienestar espiritual. Comenzaba cada día con un tiempo de oración y estudio de la Biblia, enraizándose en la Palabra de Dios y encontrando la paz para el día que tenía por delante. A continuación, dedicaba horas específicas a la actividad física, apuntándose a un gimnasio local y practicando yoga. Esto no solo mejoró su salud, sino que también aumentó sus niveles de energía.

Para mantenerse mentalmente activa, Carol dedicaba tiempo a la lectura y al aprendizaje de nuevas habilidades, como la cocina y la fotografía. También se propuso ser voluntaria en su iglesia dos veces a la semana, encontrando satisfacción en servir a los demás y mantenerse conectada con su comunidad.

A base de ensayo y error, Carol descubrió un ritmo que le funcionaba. Descubrió que un horario equilibrado aportaba armonía a su vida, permitiéndole disfrutar de los frutos de su trabajo al tiempo que exploraba nuevas pasiones y servía a su comunidad. La experiencia de Carol subraya la importancia de crear un horario que respete nuestras necesidades de actividad y descanso, de productividad y relajación.

Querida lectora, la jubilación te ofrece una oportunidad única para construir una vida que refleje tus valores y pasiones. Tómate tu tiempo para encontrar el equilibrio, asegurándote de que cada día incluya momentos para el crecimiento espiritual, la salud física, la estimulación mental y la participación en la comunidad. Confía en que Dios te guiará en la creación de un horario armonioso que te aporte alegría y satisfacción.

Próximos pasos

Esta semana, crea un horario diario que incluya tiempo para actividades espirituales, ejercicio físico, actividades mentales y servicio a la comunidad. Ajústalo según sea necesario hasta que encuentres un equilibrio que aporte armonía a tu vida.

Oración

Querido Dios, ayúdame a encontrar el equilibrio en mi vida diaria. Guíame para crear un horario armonioso que nutra mi cuerpo, mi mente y mi espíritu. Amén.

10
AJUSTAR LAS VELAS

___ / ___ / _____

> "El corazón del hombre planea su camino, pero el Señor establece sus pasos".
>
> — PROVERBIOS 16:9 (ESV)

¿Alguna vez te has sentido perdida cuando cambia tu rutina diaria? La jubilación puede suponer un cambio repentino de un horario estructurado a un estilo de vida más flexible, pero a menudo incierto. Esta transición es muy parecida a la navegación; a veces los vientos cambian y debemos ajustar las velas para mantener el rumbo. Proverbios 16:9 nos recuerda que, aunque nosotros hacemos nuestros planes, es el Señor quien dirige nuestros pasos.

Cuando me jubilé, me costó encontrar un nuevo ritmo. Mis días, antes llenos de reuniones y plazos, ahora parecían abiertos y desestructurados. Era desorientador y me sentía un poco a la deriva. Sin embargo, pronto me di cuenta de que era una oportunidad para crear una rutina que reflejara mis nuevas prioridades y pasiones.

Empecé por identificar lo que era más importante para mí en esta nueva etapa. Quería acercarme más a Dios, mantener mi salud y explorar nuevas aficiones. Con estos objetivos en mente, empecé a estructurar mis días en torno a ellos. La oración matutina y el estudio de la Biblia se convirtieron en la piedra angular de mi rutina, afianzándome en la palabra de Dios y marcando un tono positivo para el día. También reservaba tiempo para hacer ejercicio, ya fuera un paseo a paso ligero o una sesión de yoga suave, para mantener mi cuerpo sano y activo. A menudo reservaba las tardes para dedicarme a aficiones como la jardinería y la pintura, actividades que me llenaban de alegría y satisfacción.

Cuando ajusté mis velas y me adapté a esta nueva rutina, encontré un renovado sentido de propósito y paz. Mis días se sentían equilibrados e intencionales, guiados por las prioridades que había establecido y la suave dirección de la mano de Dios.

Ajustar tu rutina en la jubilación es una oportunidad para alinear tu vida diaria con lo que realmente te importa. Tómate tu tiempo para reflexionar sobre tus objetivos y pasiones, y estate dispuesta a hacer cambios que favorezcan tu bienestar y tu crecimiento espiritual. Recuerda que no pasa nada por experimentar y hacer los ajustes necesarios; lo importante es encontrar un ritmo que te aporte alegría y satisfacción.

Próximos pasos

Esta semana, dedica algo de tiempo a evaluar tu rutina actual. Identifica un área que podría mejorarse o ajustarse para alinearse mejor con tus objetivos. Haz un pequeño cambio práctico y observa cómo repercute en tu día a día.

Oración

Querido Dios, guíame mientras ajusto mi rutina diaria. Ayúdame a crear una vida equilibrada y plena que te honre y alimente mi espíritu. Amén.

Descubrir nuevas pasiones

11
REVIVAR VIEJAS LLAMAS

___ / ___ / _____

"Todo lo que hagáis, hacedlo de todo corazón, como si fuera para el Señor y no para los hombres".

— COLOSENSES 3:23

¿Sabías que practicar aficiones puede mejorar significativamente tu salud mental y tu bienestar general? Las aficiones no solo proporcionan relajación y alegría, sino que también ofrecen una sensación de logro y propósito. Colosenses 3:23 nos recuerda que hagamos lo que hagamos de todo corazón, como si trabajáramos para el Señor, destacando el valor de dedicarnos de todo corazón a nuestras pasiones.

Permítanme que les hable de Carol, una contable jubilada a la que siempre le había gustado pintar. Durante su carrera, su pasión por el arte quedó relegada a un segundo plano por su exigente trabajo y sus responsabilidades familiares. Cuando se jubiló, Carol tuvo tiempo y espacio para retomar esta vieja pasión.

Al principio, Carol se sentía un poco oxidada e insegura a la hora de volver a tomar el pincel. Pero decidió dar un paso de fe y se apuntó a una clase de arte. Con cada pincelada, sentía que su confianza y su alegría volvían. El acto de crear algo bello le proporcionaba una inmensa satisfacción y un renovado sentido de propósito.

La afición redescubierta por Carol no solo llenó sus días de alegría, sino que también la conectó con una comunidad de personas con ideas afines. Empezó a participar en exposiciones de arte locales e incluso vendió algunas de sus obras. Este nuevo capítulo de su vida se vio enriquecido por la pasión que había reavivado, demostrando que nunca es demasiado tarde para volver a conectar con las cosas que amamos.

La historia de Carol es un hermoso recordatorio de que nuestras aficiones y pasiones son dones de Dios, destinados a ser disfrutados y compartidos. Ya sea pintar, trabajar en el jardín, tejer o tocar un instrumento, estas actividades pueden acercarnos a Dios y a los demás. Al dedicar tiempo a nuestras aficiones, honramos la creatividad y la alegría que Dios ha puesto en nosotros.

Así que, ¿por qué no considerar reavivar una vieja afición o pasión? Permítete disfrutar del proceso y recuerda hacerlo de todo corazón, como si fuera para el Señor. Puede que descubras que esta actividad no solo llena tus días de alegría, sino que también trae nuevas oportunidades y conexiones a tu vida.

Próxiomos pasos

Esta semana, da el primer paso para reconectarte con una afición que antes te apasionaba. Reúne los materiales que necesitas y reserva un tiempo para sumergirte en esta actividad durante al menos 30 minutos al día. Observa cómo influye en tu estado de ánimo y en tu sensación de satisfacción. Considera la posibilidad de escribirlo en un diario cada día.

Oración

BIBLICAL TEACHINGS

Querido Dios, gracias por las pasiones y aficiones que has puesto en mi corazón. Ayúdame a reconectarme con estas alegrías y a honrarte a través de ellas. Amén.

12
ESPÍRITU AVENTURERO

___ / ___ / _____

"Sé fuerte y valiente. No temas ni *te* desanimes, porque el Señor, tu Dios, estará contigo dondequiera que vayas".

— JOSÉ 1:9

¿Alguna vez te has preguntado qué nuevas aventuras te esperan en esta etapa de tu vida? La jubilación es el momento perfecto para explorar nuevas actividades para las que antes no tenías tiempo.

Josué 1:9 nos anima a ser fuertes y valientes, asegurándonos que Dios está con nosotros dondequiera que vayamos.

Cuando me jubilé, descubrí que tenía la libertad de salir de mi zona de confort y probar algo nuevo. Animada por unos amigos, decidí unirme a un grupo de senderismo, aunque nunca me habían gustado mucho las actividades al aire libre.

Al principio, dudaba y me asustaba un poco el terreno desconocido. Pero con cada excursión me sentía más segura y descubría un nuevo amor por la naturaleza. El aire fresco, las impresionantes vistas y la camaradería con mis compañeros de excursión me proporcionaron una inmensa alegría y una sensación de logro.

Esta nueva actividad no solo me enriqueció físicamente, sino también espiritualmente, ya que a menudo me maravillaba ante la creación de Dios y me sentía más cerca de Él.

Mi espíritu aventurero no se detuvo ahí. Continué probando otras actividades, como pintar, observar aves e incluso asistir a clases de cocina. Cada nueva experiencia añadía emoción y satisfacción a mi vida, demostrando que nunca es tarde para descubrir nuevas pasiones.

Mi historia es un testimonio de las bendiciones que supone salir de nuestra zona de confort y vivir nuevas aventuras. Nos recuerda que Dios está con nosotros, guiándonos y animándonos cuando exploramos nuevos horizontes. Al probar nuevas actividades, no solo enriquecemos nuestras propias vidas, sino que también inspiramos a los que nos rodean a hacer lo mismo.

Abraza el espíritu aventurero. Puede que al principio te dé miedo, pero puedes confiar en que Dios estará contigo mientras pruebas nuevas actividades y descubres nuevas personas, lugares y pasiones. Que sea un tiempo de crecimiento, alegría y exploración.

Próximos pasos

Esta semana, elige una actividad nueva que siempre hayas querido probar. Ya sea unirte a un club, asistir a una clase o explorar la naturaleza, comprométete a intentarlo. Reflexiona sobre el impacto de esta nueva experiencia en tu perspectiva y tu alegría.

Oración

Querido Dios, dame el valor para probar nuevas actividades y aceptar las aventuras que se me presenten. Gracias por acompañarme en cada paso. Amén.

13
FLUJO CREATIVO

___ / ___ / _____

> "Porque somos obra de Dios, creados en Cristo Jesús para hacer buenas obras, las cuales Dios preparó de antemano para que las hiciéramos".
>
> — EFESIOS 2:10

¿Has probado alguna vez la alfarería, te has apuntado a clases de baile o te has aficionado a la repostería exótica? La jubilación es el momento perfecto para sumergirte en un sinfín de actividades creativas y descubrir qué es lo que te hace feliz. Efesios 2:10 nos recuerda que somos obra de Dios, creados para hacer buenas obras, y parte de esa creación consiste en expresar la creatividad única que Él ha depositado en nosotros.

Después de jubilarte, puede que hayas sentido la libertad de explorar nuevas aficiones e intereses. Imagina la emoción de probar algo completamente distinto cada mes y descubrir talentos ocultos que no sabías que tenías. Esta fue mi experiencia cuando me aventuré en varias salidas creativas después de jubilarme.

Primero, me apunté a clases de cerámica. Aunque mis primeras piezas distaban mucho de ser perfectas, el proceso de moldear la arcilla con las manos fue increíblemente terapéutico. Después, decidí aprender bailes de salón. El ritmo de la música y la alegría del movimiento trajeron una nueva chispa a mi vida. Luego me aficioné a la repostería, experimentando con recetas de todo el mundo y compartiendo los deliciosos resultados con amigos y familiares.

Cada nueva actividad conllevaba sus propios retos y recompensas, pero el hilo conductor era la inmensa alegría y satisfacción que encontraba en el proceso. Dedicarme a estas actividades creativas me permitió expresarme de nuevas formas y conectar con otras personas que compartían intereses similares. También me proporcionó un sentido más profundo del propósito y una forma de glorificar a Dios a través de los talentos que me ha dado.

Al igual que en mi caso, tú también tienes el potencial de encontrar nuevas formas de expresión creativa que puedan enriquecer tu vida. La creatividad es un don de Dios, y participar en actividades creativas puede ser una forma de adoración, una manera de conectar con Dios y expresar gratitud por los talentos que te ha dado.

Cuando explores nuevas formas de expresión creativa, recuerda que no se trata de la perfección, sino de la alegría y la satisfacción que encuentres en el proceso. Date la libertad de experimentar y cometer errores. Cada paso que das en tu viaje creativo es un paso hacia el descubrimiento de ti misma y de la forma única en que Dios te ha diseñado.

Próximos pasos

Esta semana, elige una nueva actividad creativa que siempre hayas querido probar. Dedica un tiempo cada día a esta actividad y reflexiona sobre cómo te hace sentir. Observa la alegría y la sensación de logro que te produce expresar tu creatividad.

Oración

Querido Dios, gracias por los talentos creativos que me has dado. Ayúdame a encontrar alegría y satisfacción en nuevas formas de expresión creativa. Guíame mientras exploro y expreso la creatividad que Tú has puesto en mí. Amén.

14
NUNCA DEJES DE APRENDER

___ / ___ / _____

"Que el sabio oiga y aumente su conocimiento, y el que entiende obtenga guía".

— PROVERBIOS 1:5 (ESV)

¿Cuándo fue la última vez que probaste algo nuevo solo por diversión? La jubilación es el momento perfecto para redescubrir la alegría de aprender y crecer en nuevas direcciones. Proverbios 1:5 nos anima a ser sabios aumentando continuamente nuestro conocimiento y buscando orientación.

Al igual que muchos jubilados, Linda, una antigua ejecutiva de marketing, se preguntaba cómo llenar el vacío dejado por su ajetreada carrera en el mundo de la publicidad. Linda estaba deseando disfrutar del ritmo más pausado de la jubilación, pero pronto se dio cuenta de que se sentía sin retos y un poco aburrida. Linda se dio cuenta de que necesitaba mantener su mente activa y seguir creciendo intelectual y creativamente.

Linda decidió inscribirse en varias clases y talleres. Empezó con una clase de cocina, algo que siempre había querido probar, pero para lo que nunca había tenido tiempo. La experiencia práctica en la cocina reavivó su pasión por la comida y la creatividad. Animada por ello, se apuntó a un curso de historia local en el colegio comunitario, lo que profundizó su aprecio por su ciudad natal y su rico pasado.

Cuanto más aprendía Linda, más energía sentía. Se unió a un club de lectura para explorar nuevos géneros literarios y participó en un taller de fotografía, descubriendo una nueva forma de captar y apreciar la belleza que la rodeaba. Cada nueva clase y taller aportaba un nuevo entusiasmo y propósito a sus días.

La experiencia de Linda es un poderoso recordatorio de que nunca es demasiado tarde para aprender y crecer. El aprendizaje permanente no solo enriquece nuestras vidas, sino que nos mantiene conectados con el mundo que nos rodea. Tanto si se trata de una clase formal como de un taller informal, estas oportunidades de aprendizaje pueden abrir nuevas puertas y despertar nuevas pasiones.

Reflexiona sobre tu propio viaje. ¿Hay nuevas habilidades o temas que siempre has querido explorar? Es el momento perfecto para probar algo nuevo y ver adónde te lleva. Aprovecha la oportunidad de aprender y crecer en esta nueva etapa de tu vida, como hizo Linda.

Próximos pasos

Esta semana, busca clases o talleres locales que te interesen. Inscríbete en uno que te entusiasme y comprométete a asistir regularmente. Reflexiona sobre cómo aprender algo nuevo aporta vitalidad y alegría a tu vida.

Oración

Querido Dios, inspírame para seguir creciendo y aprendiendo en esta etapa de mi vida. Guíame hacia nuevas oportunidades que enriquezcan mi mente y mi espíritu. Amén.

15
EL MUNDO DE LAS PALABRAS

___ / ___ / _____

"Que la palabra de Cristo habite abundantemente en vosotros, enseñándoos y exhortándoos unos a otros con toda sabiduría, cantando salmos e himnos y cánticos espirituales, con gratitud en vuestros corazones a Dios".

— COLOSENSES 3:16 (ESV)

¿Has sentido alguna vez el poder transformador de un buen libro o el efecto terapéutico de poner la pluma sobre el papel? La jubilación ofrece una magnífica oportunidad para adentrarnos en el mundo de las palabras, tanto a través de la lectura como de la escritura. Colosenses 3:16 nos anima a dejar que la palabra de Cristo habite abundantemente en nosotros, recordándonos el profundo impacto que las palabras pueden tener en nuestros corazones y mentes.

Cuando me jubilé, por fin tuve tiempo de disfrutar de mi afición a la lectura. Me uní a un club de lectura local y pronto se convirtió en una de mis actividades favoritas. Cada mes leíamos un libro nuevo y nos reuníamos para comentarlo. Las historias que leíamos me abrían nuevos mundos y perspectivas, enriqueciendo mi vida de maneras que no había previsto. Las conversaciones con otros amantes de la lectura también profundizaron mi comprensión y aprecio de cada libro.

Inspirada por los libros que leía, también empecé a escribir. Empecé escribiendo un diario en el que plasmaba mis pensamientos y reflexiones cada día. Esta sencilla práctica se convirtió en una salida terapéutica que me ayudaba a procesar mis experiencias y emociones. Con el tiempo, mi diario evolucionó hasta convertirse en la escritura de relatos cortos y memorias. Escribir me permitía expresarme de forma creativa y dejar un legado de palabras a mi familia.

La lectura y la escritura se han convertido en parte integrante de mi rutina diaria, aportándome alegría, sabiduría y una conexión más profunda con la palabra de Dios. A través de la lectura, me sumerjo en historias que amplían mis horizontes y nutren mi espíritu. A través de la escritura, encuentro claridad, creatividad y un sentido de propósito.

Entonces, ¿responderás al llamado del mundo de las palabras? Tanto si empiezas leyendo un libro que te interesa como si escribes tus pensamientos e historias, descubrirás que estas actividades pueden enriquecer tu vida de manera profunda. Deja que la palabra de Cristo habite abundantemente en ti, y permite que el poder de las palabras transforme tu corazón y tu mente.

Próximos pasos

Esta semana, elige un libro para leer que te interese y reserva tiempo cada día para disfrutarlo. Además, empieza un diario y escribe tus pensamientos, reflexiones o incluso una historia. Observa cómo la lectura y la escritura aportan nueva alegría y perspectiva a tu vida.

Oración

BIBLICAL TEACHINGS

Querido Dios, gracias por el don de la palabra. Ayúdame a encontrar la alegría en la lectura y la escritura, y deja que Tu palabra habite abundantemente en mi corazón. Amén.

16
CONOCEDORAS DE LA TECNOLOGÍA

___ / ___ / _____

"Todo lo que hagáis, trabajadlo de todo corazón, como si fuera para el Señor y no para los hombres."

— COLOSENSES 3:23

¿Sabías que aprender nuevas tecnologías puede ser tan emocionante y gratificante como descubrir una nueva afición? Adoptar la tecnología en la jubilación puede abrir un mundo de posibilidades, desde mantenerte en contacto con tus seres queridos hasta descubrir nuevos intereses y habilidades. Colosenses 3:23 nos anima a hacer todo lo que hagamos con todo nuestro corazón, y esto incluye navegar por el mundo digital.

Imagina poder hacer videollamadas a tus nietos, unirte a comunidades en línea de personas con ideas afines o incluso abrir un blog para compartir tus experiencias vitales y tu sabiduría. La tecnología puede hacer posible todo esto y mucho más. Nunca es tarde para familiarizarse con la tecnología, y las ventajas son infinitas.

Consideremos la historia de mi amiga Anne. Después de jubilarse, Anne se sintió un poco desconectada del acelerado mundo digital en el que sus nietos se sentían tan cómodos. Decidida a acortar distancias, decidió hacer un curso básico de informática en su biblioteca local. Aprendió a utilizar el correo electrónico, las redes sociales e incluso algunos programas básicos de edición fotográfica.

Anne pronto se encontró videochateando con su familia en todo el país, compartiendo fotos e historias en línea, e incluso uniéndose a un club de lectura virtual. Cuanto más aprendía, más confianza ganaba. La tecnología se convirtió en una herramienta que le permitía mantenerse conectada, seguir aprendiendo e incluso hacer nuevos amigos.

Al igual que Anne, puedes adoptar la tecnología y utilizarla para mejorar tu jubilación. Ya sea aprendiendo a utilizar un smartphone, abriendo una cuenta en las redes sociales o explorando clases y talleres en línea, hay innumerables formas de adquirir conocimientos tecnológicos.

Querida lectora, al adentrarte en esta nueva etapa, considera las oportunidades que puede ofrecer la tecnología. Es una forma maravillosa de estar comprometido, conectado y aprendiendo continuamente. Recuerda, hagas lo que hagas, trabaja en ello con todo tu corazón, sabiendo que estás enriqueciendo tu vida y honrando a Dios con tus esfuerzos.

Próximos pasos

Esta semana, elige una nueva tecnología o habilidad digital que siempre hayas querido aprender. Da el primer paso apuntándote a una clase, viendo videos explicativos o pidiendo ayuda a un amigo. Reflexiona sobre cómo estos nuevos conocimientos mejoran tu vida y tus relaciones.

Oración

Querido Dios, ayúdame a abrazar las nuevas tecnologías y a utilizarlas para mantenerme conectada y seguir aprendiendo. Guíame mientras exploro estas nuevas herramientas y enriquezco mi vida. Amén.

17
CORAZÓN DE SERVICIO

___ / ___ / _____

"Cada uno de vosotros debe utilizar el don que ha recibido para servir a los demás, como fieles administradores de la gracia de Dios en sus diversas formas".

— 1 PEDRO 4:10

Muchas personas descubren que su felicidad y bienestar mejoran significativamente cuando empiezan a trabajar como voluntarios.

El acto de servir a los demás no solo beneficia a los necesitados, sino que también aporta alegría y satisfacción a quien lo hace. 1 Pedro 4:10 nos recuerda que debemos utilizar nuestros dones únicos para servir a los demás, siendo fieles administradores de la gracia de Dios.

Como muchos jubilados, Susan sentía un vacío en su vida después de dejar de trabajar. Acostumbrada al ajetreo diario y a la sensación de logro de su trabajo, anhelaba encontrar una forma de contribuir de manera significativa a su comunidad. Fue entonces cuando decidió explorar las oportunidades de voluntariado.

Susan empezó por considerar sus pasiones y habilidades. Le encantaba organizar eventos y le gustaba ayudar a los niños. Combinando estos intereses, trabajó como voluntaria en un programa extraescolar local. Sus habilidades organizativas ayudaron a agilizar las actividades del programa, y su carácter compasivo la convirtió en una de las favoritas de los niños.

El impacto fue profundo. No solo los niños se beneficiaron de su dedicación, sino que Susan también sintió un renovado sentido de propósito. Sus días se llenaron de interacciones significativas y de la alegría de marcar la diferencia. El voluntariado también la puso en contacto con personas de ideas afines, ampliando su círculo social y aportando nuevas amistades a su vida.

La historia de Susan pone de relieve la alegría y la satisfacción que se obtienen al servir a los demás. Al encontrar oportunidades de voluntariado que se ajusten a nuestras pasiones y habilidades, podemos experimentar un sentido más profundo de propósito y conexión en nuestros años de jubilación. Ya sea como mentores, organizando eventos comunitarios o simplemente echando una mano, hay innumerables formas de servir.

¿Cómo podrías utilizar tus dones y habilidades únicas para servir a los demás? El voluntariado no es solo una forma de retribuir, sino también un camino para descubrir nuevas alegrías y construir relaciones duraderas. Abraza el corazón del servicio y deja que Dios te guíe hacia oportunidades en las que puedas tener un impacto significativo.

Próximos pasos

Esta semana, identifica una causa u organización que te interese. Ponte en contacto con ellos y averigua cómo puedes ofrecer tu tiempo y tus talentos. Observa cómo servir a los demás enriquece tu vida y te aporta nuevas alegrías.

Oración

Querido Dios, ayúdame a encontrar formas significativas de servir a los demás. Guíame hacia oportunidades de voluntariado en las que pueda usar mis dones para marcar la diferencia. Amén.

18
MARCAR LA DIFERENCIA

___ / ___ / _____

> "Vosotros sois la luz del mundo. Una ciudad situada en lo alto de una colina no puede ocultarse. Del mismo modo, dejad que vuestra luz brille ante los demás, para que vean vuestras buenas obras y glorifiquen a vuestro Padre que está en los cielos".
>
> — MATEO 5:14,16

¿Alguna vez has pensado cómo tus acciones pueden repercutir en toda tu comunidad? La jubilación ofrece una oportunidad única de asumir nuevas funciones de servicio y liderazgo. Mateo 5:14,16 nos llama a ser la luz del mundo, dejando que nuestras buenas obras brillen para que todos las vean, dando gloria a Dios.

Cuando me jubilé, sentí el deseo de retribuir a mi comunidad de manera significativa. Empecé como voluntaria en un banco de alimentos local, clasificando donaciones y ayudando a distribuir alimentos a los necesitados. La gratitud y el alivio en los rostros de los beneficiarios llenaron mi corazón de alegría y propósito. Me di cuenta de que incluso los pequeños actos de bondad pueden marcar una diferencia significativa.

Inspirada por esta experiencia, busqué otras formas de servir. Me uní a un proyecto de huertos comunitarios, donde ayudé a plantar y mantener un huerto que proporcionaba productos frescos a las familias locales. Trabajando junto a mis vecinos, no solo construimos un huerto, sino también un sentido de camaradería y un objetivo común. El huerto se convirtió en un lugar donde la gente podía reunirse, relacionarse y apoyarse mutuamente.

A través de estas actividades, descubrí el profundo impacto que podemos tener cuando utilizamos nuestro tiempo y talento para servir a los demás. No siempre se trata de grandes gestos; a menudo, son los pequeños y constantes actos de bondad los que realmente iluminan nuestras comunidades. Ya sea como voluntarios, mentores o simplemente como buenos vecinos, cada acción cuenta.

Querida lectora, al embarcarte en este nuevo capítulo de tu vida, recuerda que tienes el poder de marcar la diferencia. Busca oportunidades para servir e influir en tu comunidad. Deja que tu luz brille intensamente, para que otros vean tus buenas acciones y se sientan inspirados a hacer lo mismo. Juntos, podemos crear un efecto dominó de bondad y amor que glorifique a nuestro Padre celestial.

Próximos pasos

Esta semana, identifica un proyecto comunitario o una organización que te interese. Ponte en contacto con ellos para ver cómo puedes participar. Ya sea como voluntaria, donando u ofreciendo tus habilidades, da un paso para tener un impacto positivo en tu comunidad.

Oración

Querido Dios, ayúdame a ser una luz en mi comunidad. Guíame hacia oportunidades en las que pueda marcar la diferencia y mostrar Tu amor a través de mis acciones. Amén.

19
EL LEGADO DE LA SABIDURÍA

___ / ___ / _____

> "Los justos florecerán como una *palmera*, crecerán como un cedro del Líbano; plantados en la casa del Señor, florecerán en los atrios de nuestro Dios. Aún darán fruto en la vejez, permanecerán frescos y verdes".
>
> — SALMO 92:12-14

¿Alguna vez has pensado en el impacto que tus experiencias vitales pueden tener en los demás? Las investigaciones demuestran que compartir la sabiduría y el conocimiento no solo benefician a quien los recibe, sino que también proporcionan un profundo sentido de plenitud y propósito a quien los da. El Salmo 92:12-14 nos recuerda que, incluso en la vejez, somos capaces de dar fruto y mantenernos frescos y vibrantes.

Cuando Martha se jubiló tras una larga carrera como ingeniera, sintió que tenía una gran cantidad de conocimientos y experiencia sin explotar que no quería desaprovechar. Sus años resolviendo problemas complejos y trabajando en proyectos innovadores le habían enseñado lecciones inestimables sobre la perseverancia, la creatividad y el trabajo en equipo. Martha se dio cuenta de que su trayectoria podía inspirar y guiar a otros, así que buscó formas de compartir su sabiduría.

Martha empezó siendo mentora de jóvenes estudiantes de ingeniería en una universidad cercana. No solo les transmitió conocimientos técnicos, sino también la importancia del pensamiento crítico y la colaboración. Sus historias y puntos de vista calaron hondo en los estudiantes, que apreciaron sus consejos prácticos y sus sinceros ánimos.

Además, Martha se unió a un grupo local de escritura y empezó a trabajar en sus memorias. Documentar sus experiencias le permitió reflexionar sobre su trayectoria vital y transmitir las lecciones aprendidas a su familia y a las generaciones futuras. La escritura se convirtió en un proyecto muy preciado, que le dio un renovado sentido de propósito y creatividad.

Los esfuerzos de Martha no pasaron desapercibidos. Sus alumnos le expresaban a menudo su gratitud, contándole cómo su orientación había influido en sus carreras y sus vidas. Sus memorias inspiraron a otros a documentar sus propias historias, creando un efecto dominó de sabiduría compartida y conexión.

Existen innumerables formas de compartir tu sabiduría, ya sea a través de la tutoría, la escritura o simplemente manteniendo conversaciones significativas con quienes te rodean. Tu legado de sabiduría puede dar fruto y bendecir a otros, dejando un impacto duradero para las generaciones venideras.

Próximos pasos

Esta semana, piensa en un área de tu vida en la que hayas adquirido experiencia y sabiduría significativas. Busca una forma de compartir estos conocimientos, ya sea a través de la mentoría, la escritura o hablando con otras personas. Observa cómo este intercambio enriquece tanto tu vida como la de aquellos con quienes te relacionas.

Oración

Querido Dios, gracias por la sabiduría y las experiencias que me has dado. Ayúdame a compartir estos dones con los demás, dando fruto y teniendo un impacto positivo. Amén.

Fortalecer las relaciones

20
MOMENTOS ENTRAÑABLES

___ / ___ / _____

"Los hijos son una herencia del Señor, la descendencia es una recompensa suya."

— SALMO 127:3

*H*ay una magia especial en la risa de los niños y en la calidez de sus abrazos. Tu nuevo tiempo libre te abre un sinfín de oportunidades para disfrutar de estas alegrías sencillas pero profundas. El Salmo 127:3 nos recuerda que los hijos son una herencia del Señor, una recompensa y una bendición que enriquece nuestras vidas.

Uno de mis recuerdos más preciados es el verano que pasé con mis nietos. Decidimos montar un pequeño huerto en mi jardín. Ninguno de nosotros era un experto en jardinería, pero eso formaba parte de la diversión. Juntos, elegimos las semillas, las plantamos y regamos el huerto a diario. Mientras trabajábamos codo con codo, compartíamos historias, nos reíamos de nuestros errores y celebrábamos cada pequeño brote que asomaba por la tierra.

Una tarde, después de una lluvia especialmente fuerte, descubrimos que nuestro huerto había florecido casi de la noche a la mañana. La cara de asombro y emoción de mis nietos no tenía precio. Aprendieron sobre el milagro del crecimiento y la recompensa de la paciencia y el cuidado. Me di cuenta de que esos momentos no solo tenían que ver con la jardinería, sino con estrechar lazos, enseñar y crear recuerdos duraderos juntos.

Estos momentos entrañables se convirtieron en la base de una relación más profunda con mis nietos. Seguimos buscando actividades sencillas y significativas para hacer juntos: hornear galletas, pasear por la naturaleza o simplemente sentarnos juntos y hablar de la vida. Cada actividad reforzaba nuestro vínculo y nos dejaba recuerdos que atesorar.

¿Cómo puedes encontrar y crear esos momentos entrañables con tus hijos y nietos? No tiene por qué ser algo grandioso o elaborado; a menudo, son las actividades más sencillas las que fomentan las conexiones más profundas. Recuerda que estos momentos son regalos de Dios, oportunidades para compartir amor, sabiduría y alegría con las próximas generaciones.

Próximos pasos

Esta semana, planifica una actividad sencilla para hacer con tus hijos o nietos. Puede ser cualquier cosa, desde preparar una comida juntos, dar un paseo o iniciar un pequeño proyecto. Concéntrate en el tiempo que pasan juntos y en las conversaciones que comparten.

Oración

Querido Dios, gracias por el regalo de mis hijos y nietos. Ayúdame a crear momentos entrañables con ellos y a construir relaciones sólidas y afectuosas. Amén.

21
TRADICIONES FAMILIARES

___ / ___ / _____

"Recuerdo tu fe sincera, que primero vivió en tu abuela Loida y en tu madre Eunice y, estoy convencido, de que ahora también vive en ti".

— 2 TIMOTEO 1:5

La jubilación es una magnífica oportunidad para crear nuevos y preciados recuerdos con tus seres queridos, mientras continúas honrando las tradiciones familiares que han moldeado tu vida. Al igual que Pablo reconoció la fe sincera que se transmitía de generación en generación en la familia de Timoteo, tú también puedes dejar un legado duradero de amor y tradición.

En esta etapa de la vida, tienes el regalo del tiempo: tiempo para invertir en tu familia y reforzar los lazos que los unen. Considera la posibilidad de iniciar nuevas tradiciones que aporten alegría y sentido a tu vida y a la de tus seres queridos. Tal vez sea una cena familiar semanal, una salida mensual para explorar nuevos lugares o una celebración anual que reúna a todos.

Permítanme que les hable de Lois, una mujer jubilada que decidió iniciar una nueva tradición: organizar una reunión familiar anual. Pasaba meses planificando actividades, comidas y alojamiento para que sus hijos, nietos y bisnietos pudieran reunirse para celebrar su historia familiar y crear nuevos recuerdos. Estas reuniones se convirtieron en lo más destacado del año, un momento para reír, contar historias y fortalecer los lazos familiares.

Al igual que Lois, tú tienes el poder de crear tradiciones que serán recordadas por las generaciones venideras. Aprovecha esta oportunidad para dejar un legado de amor y fe, sabiendo que los recuerdos que crees hoy serán las historias que tu familia cuente mañana.

Próximos pasos

Tómate un momento para reflexionar sobre las tradiciones que han sido significativas para ti y tu familia. Piensa en cómo puedes adaptar o crear nuevas tradiciones que celebren la historia única de tu familia. Acércate a tus seres queridos e involúcralos en el proceso de planificación, fomentando un sentimiento de unión y un propósito compartido.

Oración

Querido Dios, gracias por el regalo de la familia y la oportunidad de crear recuerdos duraderos. Guíame mientras busco establecer nuevas tradiciones que te honren y traigan alegría a mis seres queridos. Amén.

22
MANEJAR LAS DINÁMICAS FAMILARES

___ / ___ / _____

"Si es posible, en la medida en que dependa de ti, vive en paz con todos".

— ROMANOS 12:18

*L*a dinámica familiar puede ser compleja y desafiante, especialmente cuando las interacciones con los miembros de la familia se vuelven más frecuentes. Romanos 12:18 nos anima a vivir en paz con todos, recordándonos la importancia de buscar la armonía en nuestras relaciones.

Veamos la historia de Yvonne, que estaba deseando pasar más tiempo con su familia, especialmente con sus dos hijos mayores y sus familias. Sin embargo, pronto se vio envuelta en un conflicto entre su hijo y su hija. Sus desacuerdos y malentendidos creaban tensiones en las reuniones familiares, haciendo que Ivonne se sintiera estresada e impotente.

Yvonne se dio cuenta de que necesitaba encontrar una manera de manejar estas dinámicas familiares y ayudar a resolver los conflictos.

Empezó por acercarse a cada uno de sus hijos individualmente, escuchando sus preocupaciones sin tomar partido.

Al ofrecerles una escucha compasiva y fomentar una comunicación abierta, les ayudó a comprender las perspectivas de cada uno.

Yvonne también les sugirió que buscaran ayuda profesional para resolver sus problemas. Al principio, sus hijos se mostraron reacios, pero con un poco de persuasión, aceptaron. Las sesiones de terapia les proporcionaron un espacio seguro para expresar sus sentimientos y buscar una solución. Con el tiempo, su relación mejoró y las reuniones familiares se volvieron más tranquilas y agradables.

A través de esta experiencia, Yvonne aprendió el valor de la paciencia, la empatía y la importancia de buscar ayuda externa cuando es necesario. Su enfoque proactivo no solo ayudó a mejorar la relación con sus hijos, sino que también reforzó el vínculo familiar en general.

Querida lectora, manejar la dinámica familiar y manejar los conflictos puede ser un reto, pero es esencial para mantener la armonía y la paz. Si abordas los conflictos con empatía, paciencia y disposición a buscar ayuda, podrás fomentar unas relaciones más sanas y afectuosas en tu familia.

Próximos pasos

Esta semana, si te encuentras en medio de un conflicto familiar, dedica tiempo a escuchar la perspectiva de cada persona sin juzgarla. Fomenta la comunicación abierta y considera la posibilidad de sugerir ayuda profesional si es necesario. Reflexiona sobre cómo tu enfoque puede contribuir a resolver el conflicto y mejorar la dinámica familiar.

Oración

BIBLICAL TEACHINGS

Querido Dios, concédeme la sabiduría y la paciencia necesarias para afrontar los conflictos familiares con gracia. Ayúdame a ser una pacificadora y a fomentar la armonía en mi familia. Amén.

23
VIEJOS AMIGOS, NUEVOS RECUERDOS

___ / ___ / _____

"Una dulce amistad refresca el alma".

— PROVERBIOS 27:9 (MSG)

Hay algo increíblemente reconfortante en reencontrarse con viejos amigos que han compartido tu viaje a través de distintas etapas de la vida. Al llegar a la jubilación, estas relaciones pueden aportar una alegría renovada y una sensación de continuidad. Proverbios 27:9 nos recuerda que una dulce amistad refresca el alma, destacando la profunda satisfacción que produce mantener y cultivar estos lazos.

Cuando me jubilé, tomé la decisión consciente de reencontrarme con mis viejos amigos. Todos habíamos estado tan ocupados con nuestras carreras y familias que nuestras interacciones se habían vuelto esporádicas. Me puse en contacto con algunos amigos íntimos de distintas etapas de mi vida (el instituto, la universidad y los primeros años de carrera) y decidimos reunirnos con regularidad.

Una de nuestras actividades favoritas eran las cenas mensuales. Cada mes, nos turnábamos para ser los anfitriones y cada uno traía un plato para compartir. Estas reuniones estaban llenas de risas, anécdotas y recuerdos de los buenos viejos tiempos. También creábamos nuevos recuerdos juntos probando nuevas recetas, jugando e incluso planeando pequeños viajes.

Recuerdo un viaje en particular. Decidimos visitar un parque nacional del que siempre habíamos hablado, pero que nunca habíamos tenido tiempo de visitar. El viaje estuvo lleno de aventuras y estrechó nuestros lazos, ya que exploramos nuevos senderos y compartimos nuestras vidas como hacía años que no lo hacíamos. La experiencia me recordó lo importante que es mantener estas amistades y seguir creando nuevos recuerdos juntos.

Aprecia tus viejas amistades y haz un esfuerzo por mantenerlas. Estas relaciones son una fuente de alegría, apoyo y continuidad en tu vida. Ya sea mediante reuniones periódicas, aficiones compartidas o viajes especiales, tómate el tiempo para reencontrarte con tus viejos amigos y crear nuevos recuerdos juntos.

Próximos pasos

Esta semana, ponte en contacto con un viejo amigo con el que no hayas hablado desde hace tiempo. Planifica un encuentro sencillo, como un café o un paseo por el parque. Concéntrate en reavivar su amistad y crear nuevos recuerdos juntos.

Oración

Querido Dios, gracias por el don de las amistades duraderas. Ayúdame a apreciar y mantener estas relaciones, y bendícenos con nuevos recuerdos y conexiones más profundas. Amén.

24
NUEVAS CONEXIONES

___ / ___ / _____

"Un amigo ama en todo momento, y un hermano nace para los momentos de adversidad".

— PROVERBIOS 17:17

*L*a jubilación abre un mundo de posibilidades, incluida la oportunidad de forjar nuevas amistades y ampliar tus círculos sociales. Al abrazar este emocionante capítulo de tu vida, recuerda que Dios ha puesto en ti la capacidad de amar, de conectar y de cultivar relaciones significativas.

Hacer nuevos amigos puede ser emocionante e intimidante a la vez, pero es una parte esencial del crecimiento y la realización personal. Sal de tu zona de confort y explora nuevas oportunidades para conocer a personas afines que compartan tus intereses y valores. Únete a un club local, colabora como voluntaria en una causa que te apasione o asiste a eventos que coincidan con tus aficiones y creencias.

Una vez conocí a una mujer extraordinaria llamada Gretel en un jardín comunitario. Recién jubilada, Gretel había decidido dedicarse a su pasión de toda la vida, la jardinería, y se había unido al club de jardinería local. A través de este interés compartido, entabló amistades profundas y duraderas con personas de todas las profesiones y condiciones sociales. Justos no solo cultivaron hermosos jardines, sino que también se apoyaron y animaron mutuamente en los altibajos de la vida.

Al igual que Gretel, tienes el poder de crear nuevas conexiones que enriquezcan tu vida y te aporten alegría. Aprovecha la oportunidad de aprender de los demás, compartir tus propias experiencias y crear una red de amigos que te apoyen, te animen y te inspiren.

Recuerda, un verdadero amigo ama en todo momento, y estas nuevas amistades pueden convertirse en la familia que tú elijas, permaneciendo a tu lado tanto en los buenos momentos como en la adversidad.

Próximos pasos

Identifica una nueva oportunidad social que se ajuste a tus intereses, como unirte a un club, asistir a un taller o hacer voluntariado. Da el primer paso y preséntate a alguien nuevo. Cultiva estas amistades incipientes escuchando bien, mostrando amabilidad y buscando formas de apoyar y animar a tus nuevos amigos.

Oración

Querido Dios, gracias por el don de la amistad y la oportunidad de forjar nuevas conexiones. Dame el valor para salir de mi zona de confort y la sabiduría para cultivar relaciones que te honren. Amén.

25
SISTEMA DE APOYO

___ / ___ / _____

"Ayudaos unos a otros a llevar vuestras cargas, y así cumpliréis la ley de Cristo".

— GÁLATAS 6:2

¿Has sentido alguna vez la necesidad de contar con un sistema de apoyo sólido durante las transiciones de la vida? Crear una red de amigos es especialmente importante cuando las rutinas familiares de la vida laboral desaparecen, dejando espacio para nuevas conexiones. Gálatas 6:2 nos recuerda la importancia de sobrellevar mutuamente las cargas, enfatizando el valor de una red de apoyo de amigos que puedan levantarnos y animarnos.

A medida que avanzas en esta nueva etapa, piensa en cómo puedes construir y reforzar tu red de amigos. Empieza por reencontrarte con viejos amigos y buscar otros nuevos. Ya sea uniéndote a clubes, participando en eventos comunitarios o asistiendo a grupos religiosos, hay muchas oportunidades de conocer a personas con ideas afines que comparten tus intereses y valores.

Invertir tiempo y esfuerzo en estas relaciones puede dar lugar a conexiones significativas y duraderas. Comparte tus experiencias, escucha sus historias y ofrece tu apoyo. Un verdadero amigo no solo comparte tus alegrías, sino que también está a tu lado en los momentos difíciles, ayudándote a llevar tus cargas.

Crear un sistema de apoyo no se consigue de la noche a la mañana, pero cada paso que des para establecer estas conexiones enriquecerá tu vida. Invita a un vecino a tomar café, únete a un club de lectura o participa como voluntaria en una causa que te apasione. Estas pequeñas acciones pueden conducir a la formación de amistades profundas y solidarias.

Recuerda que un sistema de apoyo sólido es recíproco. Debes estar dispuesta a ofrecer su ayuda y ánimo a los demás. A medida que inviertas en tus amigos, descubrirás que ellos estarán ahí para apoyarte a cambio, creando una red de cuidados y compañía.

Próximos pasos

Esta semana, da un paso proactivo para construir tu sistema de apoyo. Ponte en contacto con alguien a quien te gustaría conocer mejor o con un viejo amigo. Planifica una actividad o un simple encuentro para empezar a estrechar lazos.

Oración

Querido Dios, ayúdame a construir un sólido sistema de apoyo de amigos. Guíame para conectar con otros y ofrecerles apoyo mientras llevamos las cargas de los demás. Amén.

26
REDESCUBRIRNOS

___ / ___ / _____

"Por encima de todo, amaos profundamente, porque el amor cubre una multitud de pecados".

— 1 PEDRO 4:8

Cuando mi marido y yo nos jubilamos, de repente dispusimos de mucho tiempo para estar juntos. Al principio, esta transición fue un poco difícil. Nos habíamos acostumbrado a nuestras rutinas individuales y al ajetreo de la vida cotidiana. Sin embargo, vimos esta nueva etapa como una oportunidad para reconectar y profundizar en nuestra relación.

Un día decidimos asistir juntos a un curso de cocina. Ninguno de los dos era especialmente hábil en la cocina, pero pensamos que sería una forma divertida de pasar tiempo juntos. Para nuestra sorpresa, la experiencia fue transformadora. Trabajar codo con codo, cortar verduras y seguir recetas requería cooperación y comunicación. Nos reímos de nuestros errores, celebramos nuestros éxitos y disfrutamos del fruto de nuestro trabajo. El simple hecho de cocinar juntos se convirtió en un ritual entrañable que nos permitió estrechar nuestros lazos a través de una actividad compartida.

También nos propusimos empezar una *"noche de recuerdos"* semanal, en la que mirábamos viejos álbumes de fotos y rememorábamos nuestra trayectoria juntos. Estas veladas nos trajeron buenos recuerdos y dieron pie a conversaciones sobre nuestros sueños y esperanzas para el futuro. Nos dimos cuenta de lo lejos que habíamos llegado y de lo mucho que nos quedaba por delante.

Uno de los cambios más profundos se produjo cuando decidimos rezar juntos todos los días. Esta práctica dio una nueva profundidad a nuestra relación, ya que compartíamos nuestros corazones y nos animábamos mutuamente en la oración. Fortaleció nuestro vínculo espiritual y nos dio una sensación de paz y unidad.

A través de estos esfuerzos intencionados, descubrimos un renovado sentido de intimidad y conexión. Nuestros años de jubilación se convirtieron en una época de redescubrimiento, en la que aprendimos a apreciarnos de nuevas maneras. El tiempo que invertimos en nuestra relación mereció la pena, ya que nos sentimos más unidos y más enamorados que nunca.

Próximos pasos

Esta semana, elige una nueva actividad para probar con tu cónyuge, como asistir a una clase juntos o empezar un nuevo pasatiempo. Concéntrate en disfrutar del tiempo juntos y en estrechar lazos.

Oración

Querido Dios, gracias por el don de mi cónyuge. Ayúdanos a profundizar nuestro amor y fortalecer nuestra relación mientras atravesamos juntos esta nueva etapa. Amén.

ILUMINAR EL CAMINO A OTRA MUJER

"Dad, y se *os* dará. Una buena medida, *apretada*, remecida y rebosante, se derramará en vuestro regazo".

— LUCAS 6:38

*L*a *jubilación* es un hermoso viaje, y espero que *"El Devocionario de un Año para Mujeres Jubiladas"* haya sido una fuente de propósito, realización y alegría para ti. Mientras continúas explorando estos devocionales, tengo una petición especial.

¿Ayudarías a alguien que no conoces, aunque nunca recibieras crédito por ello?

¿Quién es esa persona? Es como tú. O, al menos, como tú solías ser. Con menos experiencia, con ganas de marcar la diferencia y que necesita ayuda, pero no sabe dónde buscarla.

Nuestra misión es poner al alcance de todos la búsqueda de objetivos, la realización y la alegría en la jubilación. Todo lo que hago se deriva de esa misión. Y la única forma de cumplirla es llegar a... bueno... todo el mundo.

Aquí es donde entras tú. De hecho, la mayoría de la gente juzga un libro por su portada (y por sus reseñas). Así que aquí va mi petición en nombre de una jubilada en apuros que nunca has conocido:

Por favor, ayuda a esa jubilada dejando una reseña de este libro.

Tu regalo no cuesta dinero y tarda menos de 60 segundos en hacerse realidad, pero puede cambiar la vida de una compañera jubilada para siempre. Tu reseña podría ayudar a...

...una mujer más a encontrar un nuevo propósito. ...una jubilada más a alcanzar la plenitud. ...una lectora más a experimentar la alegría en su vida cotidiana. ...una persona más a construir conexiones significativas. ...un viaje más hacia una jubilación tranquila y satisfactoria.

Para sentirte bien y ayudar a esta persona de verdad, todo lo que tienes que hacer es... y te llevará menos de 60 segundos... dejar una reseña.

Simplemente escanea el código QR que aparece a continuación para dejar tu reseña:

ESCANÉAME

Si te sientes bien ayudando a una jubilada desconocida, eres mi tipo de persona. Bienvenida al club. Eres una de las nuestras.

Estoy mucho más entusiasmada por ayudarte a alcanzar el propósito, la plenitud y la alegría en tu viaje de jubilación más rápido y más fácil de lo que puedas imaginar. Te encantarán las ideas y reflexiones que comparto en las próximas páginas.

Gracias de todo corazón. Ahora, volvamos a nuestra programación habitual.

• Tu mayor admiradora, Biblical Teachings

P.D. - Dato curioso: si le das algo de valor a otra persona, te vuelves más valiosa para ella. Si quieres ganarte la simpatía de otra jubilada y crees que este libro le puede ayudar, envíaselo.

27
UNIÓN

___ / ___ / _____

"Sed completamente humildes y amables; tened paciencia, soportándoos unos a otros con amor".

— EFESIOS 4:2

¿*S*abías que la pareja estadounidense promedio solo dedica 35 minutos al día a mantener una conversación significativa? Uno de los cambiosmás significativos a los que te puedes enfrentar durante la jubilación es el aumento del tiempo que pasas con tu cónyuge o tus seres queridos. Esta nueva unión puede ser una bendición maravillosa, pero también puede presentar retos únicos al navegar por aguas desconocidas.

Al emprender este viaje, recuerda que Dios nos ha llamado a amarnos unos a otros con paciencia, humildad y dulzura. Abrazar esta nueva etapa con un corazón abierto y la voluntad de crecer juntos puede conducir a una relación más profunda y más satisfactoria.

A la hora de reflexionar sobre tu propio viaje, puede ser útil inspirarte en la historia de Mark y Lisa, una pareja de jubilados que descubrió nuevas profundidades en su relación. Se dieron cuenta de que el aumento del tiempo que pasaban juntos requería un nuevo enfoque de su relación. Con amor y determinación, empezaron a explorar nuevas aficiones, tanto juntos como por separado. Se propusieron mantener conversaciones regulares y abiertas sobre sus necesidades y deseos, y se comprometieron a practicar la paciencia y la comprensión mutua. Gracias a sus esfuerzos, descubrieron una renovada sensación de alegría y aprecio por su vida juntos.

Tu viaje puede ser diferente al de Mark y Lisa, pero los principios del amor, la comunicación y la paciencia siguen siendo los mismos. Aprovechen esta oportunidad para redescubrirse el uno al otro, para aprender y crecer juntos, y para crear nuevos y preciados recuerdos.

Recuerden, mientras se adentran en este nuevo capítulo, mantengan a Cristo en el centro de su relación. Dejen que Su amor los guíe, los fortalezca y llene sus corazones de alegría.

Próximos pasos

Reserva tiempo esta semana para mantener una conversación sincera con tu cónyuge o ser querido. Compartan sus esperanzas, temores y expectativas para esta nueva etapa de la vida. Juntos, piensen en formas de cultivar su relación, mantener sus identidades individuales y encontrar la alegría en el aumento del tiempo que pasan juntos. Comprométanse a practicar la paciencia, la amabilidad y la comprensión mientras avanzan juntos por este nuevo capítulo.

Oración

Querido Dios, gracias por el regalo de mi cónyuge y por la oportunidad de crecer juntos en esta nueva etapa. Ayúdanos a afrontar nuestro tiempo juntos con paciencia, amor y comprensión. Amén.

28
COMUNICARSE CON AMOR

___ / ___ / _____

"Que vuestra conversación esté siempre llena de gracia,
sazonada con sal, para que sepáis responder a todos".

— COLOSENSES 4:6

Crees que tu comunicación con sus seres queridos es tan buena como podría ser? Es fácil caer en patrones de autocomplacencia, pero siempre hay margen para mejorar la forma en que nos relacionamos con quienes nos importan. Colosenses 4:6 nos anima a que nuestra conversación esté llena de gracia y sazonada con sal, recordándonos que debemos hablar con amabilidad y sabiduría.

La jubilación ofrece una oportunidad única para mejorar tus habilidades comunicativas y profundizar en tus vínculos con los que te rodean. Empieza por escuchar activamente. Esto significa prestar toda tu atención a la persona que habla, reconocer sus sentimientos y responder de forma reflexiva. Escuchar con empatía puede acortar distancias y crear un sentido de comprensión y cercanía.

También es importante expresarse con claridad y respeto. Comparte tus pensamientos y sentimientos con sinceridad, pero hazlo con cariño y consideración por la perspectiva de la otra persona. Utiliza frases en primera persona para comunicar tus experiencias sin culpar a nadie. Por ejemplo, decir *"Me preocupa cuando..."* en lugar de *"Tú nunca..."* ayuda a mantener una conversación constructiva y positiva.

Consideremos el ejemplo de una pareja de jubilados que conozco. Se dieron cuenta de que su comunicación se había vuelto tensa tras años de agendas apretadas y poco tiempo juntos. Para solucionarlo, hicieron un esfuerzo consciente por mejorar su forma de hablar y de escucharse. Programaron sesiones periódicas *de "corazón a corazón"* en las que se sentaban sin distracciones y hablaban abiertamente de sus sentimientos, esperanzas y preocupaciones.

Estas sesiones transformaron su relación. Aprendieron a apreciar los puntos de vista del otro, a resolver los conflictos con más eficacia y a apoyarse mutuamente en sus necesidades. Sus conversaciones se volvieron más significativas y enriquecedoras, lo que reforzó su vínculo y les unió más.

Próximos pasos

Esta semana, practica la escucha activa en tus conversaciones. Concéntrate en el interlocutor sin interrumpirle y reflexiona sobre lo que has oído para asegurarte de que lo has entendido. Además, haz un esfuerzo por expresar tus pensamientos y sentimientos utilizando frases en primera persona para que el diálogo sea positivo y constructivo.

Oración

Querido Dios, ayúdame a comunicarme con amor y gracia. Guía mis palabras y acciones para construir relaciones más fuertes y compasivas con quienes me rodean. Amén.

29
CELEBRACIÓN DE HITOS

___ / ___ / _____

"Dos son mejor que uno, porque tienen una buena retribución por su trabajo: Si alguno de ellos se cae, uno puede ayudar al otro a levantarse".

— ECLESIASTÉS 4:9-10

¿Alguna vez has reflexionado sobre el camino que tú y tu pareja han recorrido, celebrando los hitos y los logros que han alcanzado juntos? La jubilación ofrece una maravillosa oportunidad para apreciar estos momentos y crear nuevos recuerdos. El Eclesiastés 4:9-10 nos recuerda que dos son mejor que uno, porque pueden ayudarse mutuamente a triunfar y levantarse el uno al otro.

Piensa en los hitos significativos que han alcanzado como pareja: aniversarios, crianza de los hijos, logros profesionales y crecimiento personal. Cada uno de estos momentos es un testimonio de la fuerza y dedicación de su relación. Celebrar estos logros puede aportar un sentimiento renovado de agradecimiento y alegría a su relación.

Cuando Jack y Mary se jubilaron, decidieron conmemorar su 40.º aniversario de boda de una forma especial. Planearon un viaje al lugar donde habían pasado su luna de miel, reviviendo viejos recuerdos y creando otros nuevos. Durante el viaje, se tomaron un tiempo cada día para reflexionar sobre su trayectoria juntos, compartiendo sus recuerdos favoritos y expresando su gratitud mutua.

Esta celebración fue algo más que unas simples vacaciones: fue una reafirmación de su compromiso y su amor. Jack y Mary volvieron a casa con un aprecio más profundo por su relación y una renovada ilusión por los años venideros. Se dieron cuenta de que celebrar hitos juntos reforzaba su vínculo y les recordaba las bendiciones que habían experimentado.

Al igual que Jack y Mary, tú también puedes encontrar formas significativas de celebrar los hitos de tu relación. Ya sea un viaje especial, una cena sencilla o incluso la creación de un álbum de recuerdos compartidos, estas celebraciones pueden profundizar su conexión y aportar alegría a su relación.

Dedica tiempo a honrar los hitos que has alcanzado con tu pareja. Celebren juntos sus logros y creen nuevos recuerdos que enriquezcan sus vidas. Recuerda que dos son mejor que uno y que juntos pueden seguir apoyándose y animándose mutuamente.

Próximos pasos

Esta semana, planifica una actividad o un evento especial para celebrar un hito en su relación de pareja. Reflexionen sobre el camino que han recorrido juntos y expresen su gratitud por los logros y recuerdos que han compartido. Observen cómo esta celebración refuerza su vínculo y aporta alegría a su relación.

Oración

BIBLICAL TEACHINGS

Querido Dios, gracias por el viaje y los hitos que mi pareja y yo hemos compartido. Ayúdanos a celebrar nuestros logros y a seguir apoyándonos y animándonos mutuamente. Amén.

Crecimiento personal y espiritualidad

30
MOMENTO DE TRANQUILIDAD

___ / ___ / _____

"Estad quietos y reconoced que yo soy Dios".

— SALMO 46:10

¿*Te* cuesta encontrar momentos de tranquilidad en tu día a día? En nuestras ajetreadas vidas, puede resultar difícil encontrar tiempo para la quietud y la reflexión. Sin embargo, el Salmo 46:10 nos llama a *"Estad quietos y reconoced que yo soy Dios"*, recordándonos la profunda paz y sabiduría que provienen de pasar tiempo en la presencia de Dios.

Considera la posibilidad de reservar un tiempo específico cada día para la oración y la meditación. Puede ser por la mañana temprano, antes de que la casa se despierte, o por la noche, al final del día. Busca un lugar tranquilo y cómodo donde puedas estar a solas con tus pensamientos y oraciones. Empieza por calmar tu mente y concentrarte en tu respiración, dejando que el estrés y las distracciones del día se desvanezcan.

Comienza tu momento de tranquilidad con una oración sencilla, invitando a Dios a entrar en tu corazón y pidiéndole guía y paz. Puedes utilizar tu versículo favorito de las Escrituras como punto central de tu meditación, reflexionando sobre su significado y cómo se aplica a tu vida. Mientras meditas, escucha la voz de Dios, permitiendo que Su presencia te llene de calma y claridad.

Durante este tiempo, también puedes llevar un diario de oración. Anota tus pensamientos, oraciones y cualquier percepción que recibas. Esta práctica te ayudará a mantenerte centrada y te proporcionará un registro de tu viaje espiritual, permitiéndote mirar atrás y ver cómo Dios ha estado obrando en tu vida.

La oración y la meditación diarias pueden transformar tu vida espiritual, aportándote un sentido más profundo de paz, propósito y conexión con Dios. Es un momento para descansar en Su presencia, buscar Su sabiduría y renovar tu espíritu.

Querida lectora, al jubilarte, haz de la oración y la meditación diarias una prioridad. Deja que estos momentos de tranquilidad con Dios se conviertan en una parte apreciada de tu rutina, alimentando tu alma y fortaleciendo tu fe.

Próximos pasos

Esta semana, comprométete a reservar un tiempo específico cada día para orar y meditar en silencio. Busca un lugar tranquilo, utiliza un versículo de las Escrituras para reflexionar y lleva un diario para registrar tus pensamientos y oraciones.

Oración

Querido Dios, ayúdame a encontrar momentos de tranquilidad cada día para estar en silencio y conocerte. Guía mi corazón en la oración y la meditación, y lléname de Tu paz y sabiduría. Amén.

31
PALABRAS DE SABIDURÍA

___ / ___ / _____

"Tu palabra es una lámpara para mis pies, una luz en mi camino".

— SALMO 119:105

*E*n el camino de la jubilación se presenta una oportunidad única para profundizar en la sabiduría de la Biblia. El Salmo 119:105 capta maravillosamente la esencia de las Escrituras, describiéndolas como una lámpara para nuestros pies y una luz en nuestro camino, guiándonos a través de las transiciones y los retos de la vida.

Mi amiga Amanda encontró consuelo e inspiración en el estudio y la reflexión bíblicos. Al disponer de más tiempo, decidió unirse a un grupo local de estudio de la Biblia. Este grupo no solo le proporcionó una forma estructurada de explorar las Escrituras, sino que también le ofreció un sentido de comunidad y apoyo.

Amanda dedicaba momentos específicos cada día a leer la Biblia y reflexionar sobre sus enseñanzas. Llevaba un diario en el que anotaba sus pensamientos, oraciones y reflexiones sobre sus lecturas. Esta práctica le permitía ver cómo la Palabra de Dios se aplicaba a su vida y hacer un seguimiento de su crecimiento espiritual a lo largo del tiempo.

Un pasaje en particular que resonó con Amanda fue Filipenses 4:6-7, que habla de presentar nuestras peticiones a Dios y experimentar su paz. Reflexionar sobre este versículo ayudó a Amanda a superar las ansiedades e incertidumbres de la jubilación. Descubrió que meditar en las promesas de Dios le traía consuelo y una fe renovada.

La historia de Amanda ilustra el profundo impacto que el estudio regular de la Biblia y la reflexión pueden tener en el camino espiritual de una persona. Al sumergirse en la Palabra de Dios, obtuvo sabiduría, paz y una comprensión más profunda de su propósito en esta nueva etapa de la vida.

A medida que recorres el camino de la jubilación, considera la posibilidad de dedicar tiempo al estudio de la Biblia y a la reflexión. Permite que las Escrituras sean una fuente de guía y aliento, que iluminen tu camino y fortalezcan tu fe.

Próximos pasos

Esta semana, reserva un tiempo específico cada día para el estudio y la reflexión bíblicos. Elige un pasaje para leerlo y reflexiona sobre su significado. Escribe tus pensamientos y oraciones en un diario para llevar un registro de tu camino espiritual.

Oración

Querido Dios, gracias por la sabiduría que se encuentra en Tu Palabra. Ayúdame a dedicar tiempo a estudiar y reflexionar sobre la Biblia, permitiendo que me guíe y me fortalezca. Amén.

32
COMUNIDAD RELIGIOSA

___ / ___ / _____

"Porque donde dos o tres se reúnen en mi nombre, allí estoy yo con ellos".

— MATEO 18:20

¿Alguna vez has sentido la necesidad de establecer vínculos más profundos con tu comunidad religiosa? Encontrar una familia espiritual puede proporcionarte apoyo, ánimo y un sentido de pertenencia. Mateo 18:20 nos recuerda que donde dos o tres se reúnen en el nombre de Jesús, Él está presente con ellos.

Cuando me jubilé, quise implicarme más en mi comunidad religiosa. Asistir a los servicios religiosos fue solo el principio. Me uní a un pequeño grupo de estudio bíblico donde podía compartir mis experiencias y aprender de los demás. Este grupo se convirtió en mi familia espiritual, ofreciéndome apoyo y sabiduría tanto en los momentos felices como en los difíciles.

El voluntariado dentro de la iglesia fue otra forma de conectar con los demás. Ayudar en los eventos de la iglesia, participar en programas de divulgación y formar parte de comités me permitió utilizar mis dones en beneficio de los demás y entablar relaciones significativas.

Participar en actividades de la iglesia, como reuniones de oración, noches de culto y reuniones de hermandad, también enriqueció mi vida espiritual. Estas actividades me brindaron la oportunidad de crecer en la fe y entablar amistades duraderas con otros creyentes.

Encontrar una familia espiritual ha traído una inmensa alegría y un sentido de propósito a mis años de jubilación. Me ha recordado la importancia de la comunidad en nuestro camino con Dios.

A medida que te adentras en la jubilación, piensa en cómo puedes profundizar tus conexiones con tu comunidad religiosa. Busca grupos, actividades y oportunidades de voluntariado que te resulten afines, y aprovecha el apoyo y el compañerismo que supone formar parte de una familia espiritual.

Próximos pasos

Esta semana, busca una manera de involucrarte más profundamente con tu comunidad de fe. Únete a un grupo pequeño, participa como voluntaria en un evento de la iglesia o asiste a una reunión de hermandad. Reflexiona sobre cómo estas conexiones mejoran tu camino espiritual.

Oración

Querido Dios, ayúdame a encontrar mi familia espiritual y a profundizar mis conexiones dentro de mi comunidad de fe. Guíame hacia oportunidades en las que pueda crecer en fe y comunión. Amén.

33
NUEVOS HORIZONTES

___ / ___ / _____

"Porque yo sé los planes que tengo para vosotros -declara el *Señor*-, planes de prosperaros y no de perjudicaros, planes de daros esperanza y futuro".

— JEREMÍAS 29:11

¿*A*lguna vez te has preguntado qué nuevas oportunidades te esperan en esta etapa de tu vida? Ahora es el momento perfecto para explorar nuevos horizontes y establecer metas personales que te aporten satisfacción y alegría. Jeremías 29:11 nos recuerda que Dios tiene planes para nosotros, planes para prosperarnos y darnos esperanza y un futuro.

Al embarcarte en esta nueva etapa, tómate un tiempo para reflexionar sobre tus pasiones e intereses. ¿Qué es lo que siempre has querido hacer, pero nunca has tenido tiempo? Ya sea aprender una nueva habilidad, viajar a nuevos lugares o dedicar tiempo a una afición, establecer metas personales puede darte un sentido de propósito y dirección.

Empieza por escribir una lista de cosas que te gustaría conseguir. Divide esos objetivos en pasos más pequeños y manejables, y establece plazos realistas para cada uno de ellos. Por ejemplo, si siempre has querido aprender a tocar un instrumento, tu primer paso podría ser buscar clases de música locales o encontrar un tutorial en Internet. Si sueñas con viajar, empieza planificando un pequeño viaje y ve avanzando poco a poco hacia viajes más ambiciosos.

Considere la posibilidad de compartir tus objetivos con un amigo o familiar que pueda ofrecerte apoyo y ánimo. Tener a alguien con quien compartir tus progresos puede ser motivador y ayudarte a mantener tu compromiso. Celebra cada hito que alcances, por pequeño que sea, y da gracias a Dios por la fuerza y la perseverancia que te proporciona.

Establecer metas personales no solo enriquece tu vida, sino que también te ayuda a crecer espiritual y emocionalmente. Es una oportunidad para descubrir nuevos talentos, hacer contribuciones significativas y vivir los planes que Dios tiene para ti.

Próximos pasos

Esta semana, tómate un tiempo para escribir tus metas personales. Divídelas en pasos más pequeños y establece plazos para cada uno de ellos. Comparte tus metas con un amigo o familiar de confianza para que te apoye y te anime.

Oración

Querido Dios, guíame mientras me propongo nuevas metas personales. Ayúdame a perseguir estas metas con pasión y perseverancia, confiando en Tus planes para mi futuro. Amén.

34
CERCIMIENTO CONTINUO

___ / ___ / _____

"Que el sabio oiga y aumente su conocimiento, y el que entiende obtenga guía".

— PROVERBIOS 1:5 (ESV)

*L*a jubilación no marca un final, sino un nuevo comienzo, una oportunidad de explorar y aprender de formas para las que nunca antes habías tenido tiempo. Proverbios 1:5 nos anima a seguir creciendo en sabiduría y comprensión, destacando la importancia del aprendizaje permanente.

Sarah vio su jubilación como una oportunidad para afrontar nuevos retos y ampliar sus horizontes. Deseosa de mantener su mente activa y comprometida, Sarah se inscribió en varios cursos en su colegio comunitario local. Desde historia hasta arte, exploró temas por los que siempre había sentido curiosidad, pero nunca había tenido tiempo de estudiar.

Sarah también se unió a un club de lectura y a un taller de escritura, donde descubrió su pasión por la literatura y la escritura creativa. Estas actividades no solo enriquecieron sus conocimientos, sino que la conectaron con una comunidad de personas que compartían su amor por el aprendizaje. Gracias a estas interacciones, Sarah encontró la inspiración y la motivación para seguir persiguiendo sus intereses.

Una de las experiencias más gratificantes de Sarah fue aprender a tocar el piano. Siempre había soñado con tocar un instrumento y, con práctica y dedicación, pudo llevar música hermosa a su hogar. Esta nueva habilidad le proporcionó una inmensa alegría y una sensación de logro, recordándole que nunca es demasiado tarde para aprender algo nuevo.

Este viaje demuestra que el aprendizaje permanente mantiene la mente despierta, el espíritu joven y la vida plena. Al buscar continuamente nuevos conocimientos y habilidades, Sarah encontró un propósito y entusiasmo en sus años de jubilación.

Querida lectora, persigue tus pasiones, explora nuevos temas y nunca dejes de aprender. Dios te ha bendecido con la capacidad de crecer y adaptarte, así que aprovecha al máximo este don y enriquece tu vida mediante el aprendizaje permanente.

Próximos pasos

Esta semana, identifica un área de interés o una habilidad que siempre hayas querido aprender. Inscríbete en un curso, únete a un club o inicia una nueva afición que te suponga un reto y te entusiasme. Abraza la alegría del crecimiento y el descubrimiento continuos.

Oración

Querido Dios, ayúdame a abrazar el aprendizaje permanente y a crecer continuamente en sabiduría y comprensión. Guíame en mis búsquedas y bendice mis esfuerzos para enriquecer mi mente y mi espíritu. Amén.

35
PROPÓSITO DIARIO

___ / ___ / _____

"Encomienda al Señor todo lo que hagas, y él establecerá tus planes".

— PROVERBIOS 16:3

¿Alguna vez te has preguntado cómo encontrar un sentido y un propósito en tu vida diaria, especialmente después de que la rutina del trabajo haya desaparecido? La jubilación ofrece una maravillosa oportunidad para redescubrir tu propósito y encontrar alegría en los momentos cotidianos. Proverbios 16:3 nos asegura que cuando encomendamos nuestras acciones al Señor, Él guiará nuestros planes y dará sentido a nuestros días.

Cuando me jubilé, me costó encontrar un nuevo sentido a mi vida. Sin las exigencias diarias de un trabajo, me sentía un poco a la deriva. Como si estuviera esperando a pasar a la otra vida. Sin embargo, pronto me di cuenta de que este nuevo capítulo era una oportunidad para redefinir mi propósito y encontrar sentido de formas diferentes. He aquí algunas prácticas que me ayudaron, y que podrían ayudarte a ti también:

1. **Servicio:** Dedicar tiempo a ayudar a los demás me produjo una inmensa satisfacción. Ser voluntaria en un banco de alimentos local, ayudar a un vecino u ofrecer tu apoyo a un amigo puede añadir propósito a tus días.
2. **Crecimiento espiritual:** Dedicar tiempo cada día a la oración, el estudio de la Biblia y la meditación me aportó paz y dirección. Conectar con Dios a diario puede alinear tus acciones con Su propósito.
3. **Creatividad:** Explorar salidas creativas como pintar, escribir o hacer manualidades me aportó alegría y satisfacción. Participar en actividades creativas te permite expresarte y descubrir nuevos talentos.
4. **Relaciones:** Fortalecer las relaciones mediante llamadas, visitas o cartas regulares me recordó la importancia de estar presente para los demás. Estas interacciones me aportaron alegría y una mayor sensación de conexión.
5. **Gratitud:** Empezar cada día enumerando tres cosas por las que estaba agradecida transformó mi forma de abordar las tareas cotidianas. Esta práctica elevó mi espíritu y me motivó a perseguir mis objetivos con entusiasmo.
6. **Aprendizaje permanente:** Participar en el aprendizaje permanente mantuvo mi mente activa. Ya sea apuntándote a cursos en línea, asistiendo a talleres o uniéndote a grupos de debate, aprender cosas nuevas te mantiene curioso y entusiasmado.

A medida que te adentras en esta etapa de jubilación, busca lo que da sentido y propósito a tus días. Date tiempo para encontrarlo y, cuando lo hagas, ¡asegúrate de seguir llenando tu vida con este tipo de actividades!

Próximos pasos

Esta semana, elige una de las prácticas anteriores e incorpórala a tu rutina diaria. Reflexiona sobre cómo esta actividad añade significado a tu día y se alinea con el propósito de Dios para ti.

Oración

Querido Dios, ayúdame a encontrar propósito y significado en cada día. Guía mis acciones y llena mis días de actividades que te honren y traigan alegría a mi corazón. Amén.

36
VIDA ACTIVA

___ / ___ / _____

"¿No sabéis que vuestros cuerpos son templos del Espíritu Santo, que está en vosotros, el cual habéis recibido de Dios? No sois vuestros".

— 1 CORINTIOS 6:19

¿A veces te cuesta mantenerte activa en tu rutina diaria? La actividad física es esencial para mantener la salud y la vitalidad, especialmente durante la jubilación. 1 Corintios 6:19 nos recuerda que nuestros cuerpos son templos del Espíritu Santo, y nos anima a honrar a Dios cuidando de nuestro bienestar físico.

Incorporar la actividad física a tu vida no tiene por qué ser abrumador. Empieza por encontrar actividades que te gusten y se adapten a tu estilo de vida. Ya sea caminar, nadar, bailar o hacer yoga, elige ejercicios que te hagan sentir bien y te mantengan motivada. La clave está en hacer de la actividad física una parte habitual de tu rutina.

Una forma de mantener el compromiso es fijar objetivos concretos y alcanzables. Por ejemplo, caminar 30 minutos al día, tres veces por semana, o probar una nueva clase de gimnasia en tu centro comunitario local. Hacer un seguimiento de tus progresos también puede ser motivador, ya que te permite ver lo lejos que has llegado y celebrar tus logros.

Considera la posibilidad de unirte a un grupo o de encontrar un compañero de entrenamiento para mantenerte responsable y disfrutar más del ejercicio. Las relaciones sociales pueden animarte y hacer que la actividad física parezca menos una obligación y más una experiencia divertida y compartida.

La actividad física no consiste solo en hacer ejercicio, sino en adoptar un estilo de vida que promueva el bienestar general. Presta atención a las necesidades de tu cuerpo, asegurándote de descansar lo suficiente, alimentarte bien e hidratarte. Escucha a tu cuerpo y ajusta tus actividades según sea necesario para evitar lesiones y mantenerte saludable.

Próximos pasos

Esta semana, elige una actividad física que te guste y comprométete a practicarla con regularidad. Fija objetivos concretos y alcanzables y haz un seguimiento de tu progreso. Considera la posibilidad de invitar a un amigo para que te acompañe y te dé más motivación y apoyo.

Oración

Querido Dios, ayúdame a abrazar la actividad física y a cuidar mi cuerpo. Dame la fuerza y la motivación para mantenerme activa, honrándote a través de mi compromiso con un estilo de vida saludable. Amén.

37
ALIMENTAR EL CUERPO Y EL ALMA

___ / ___ / _____

"Así que, ya sea que comáis o bebáis o hagáis lo que
hagáis, hacedlo todo para gloria de Dios".

— 1 CORINTIOS 10:31

¿Con qué frecuencia piensas en el impacto de tu dieta en tu bienestar físico y espiritual? Adoptar hábitos alimenticios saludables es una parte fundamental del cuidado del cuerpo que Dios nos ha dado. 1 Corintios 10:31 nos recuerda que debemos hacer todo para la gloria de Dios, incluida la forma en que alimentamos nuestro cuerpo.

Conocí a una mujer llamada Grace que transformó drásticamente sus hábitos alimenticios tras jubilarse. A Grace siempre le había gustado cocinar, pero se dio cuenta de que a menudo prefería la comodidad a la nutrición. Decidida a mejorar su salud, empezó a explorar la alimentación saludable y descubrió el profundo impacto que tenía en su cuerpo y su alma.

Grace comenzó incorporando más frutas y verduras frescas a sus comidas. Experimentó con nuevas recetas nutritivas y deliciosas. Al planificar sus comidas y elegir alimentos integrales en lugar de procesados, notó un aumento en sus niveles de energía y en su bienestar general.

Además de los beneficios físicos, Grace descubrió que la hora de comer se había convertido en un momento de reflexión y gratitud. Empezó a rezar antes de las comidas, dando gracias a Dios por los alimentos y pidiéndole que la guiara para tomar decisiones saludables. Esta práctica profundizó su conexión espiritual y la hizo más consciente de cómo sus elecciones alimenticias honraban a Dios.

Grace también compartió su experiencia con amigos y familiares, animándoles a unirse a ella en la adopción de hábitos alimenticios más saludables. Juntos intercambiaban recetas, preparaban comidas y se apoyaban mutuamente en su proceso hacia el bienestar. Este aspecto comunitario no solo reforzó su compromiso con una alimentación saludable, sino que también fortaleció sus relaciones.

La experiencia de Grace nos demuestra que nutrir tu cuerpo con alimentos saludables puede conducirte a una vida más vibrante y plena. Es una forma de honrar a Dios cuidando del templo que te ha confiado y de mejorar tu bienestar físico y espiritual.

Reflexiona sobre tu propia dieta. ¿Honra tu templo? ¿Hay pequeñas formas de mejorarla?

Próximos pasos

Esta semana, concéntrate en incorporar más alimentos integrales a tu dieta. Planifica tus comidas para incluir una variedad de frutas, verduras, proteínas magras y cereales integrales. Dedica un tiempo a rezar antes de las comidas, expresando gratitud y buscando orientación para tomar decisiones saludables.

Oración

Querido Dios, ayúdame a nutrir mi cuerpo y mi alma con una alimentación saludable. Guía mis elecciones y bendice mis esfuerzos para honrarte a través de la forma en que cuido de mí misma. Amén.

38
LA MIENTE IMPORTA

___ / ___ / _____

"No se inquieten por nada, más bien, en toda ocasión, con oración y ruego, presenten sus peticiones a Dios y denle gracias".

— FILIPENSES 4:6

¿Alguna vez te has sentido abrumada o ansiosa, incluso durante lo que debería ser un momento relajante de tu vida? Mantener el bienestar mental es fundamental, especialmente durante la jubilación, cuando los cambios de la vida a veces pueden resultar abrumadores. Filipenses 4:6 nos recuerda que no debemos inquietarnos, sino llevar nuestras preocupaciones a Dios en oración, confiando en que Él nos dará paz y orientación.

Cuando me jubilé, solo esperaba sentir alegría y alivio. Sin embargo, a menudo me sentía inquieta y ansiosa. Sin la estructura y las interacciones sociales de mi trabajo, me sentía un poco perdida. Al reconocer que necesitaba tomar medidas para mantener mi bienestar mental, empecé a explorar diversas prácticas que me ayudaran a controlar el estrés y a mantenerme mentalmente sana.

Uno de los cambios más impactantes que hice fue incorporar la oración y la meditación diarias a mi rutina. Cada mañana, reservaba un tiempo para sentarme en silencio, concentrarme en mi respiración y rezar. Este tiempo de quietud me ayudaba a empezar el día con una sensación de calma y equilibrio, llevando mis preocupaciones y esperanzas a Dios y sintiendo Su presencia en mi vida.

También empecé a escribir un diario, que se convirtió en una vía terapéutica para mis pensamientos y emociones. Escribir mis sentimientos me permitía procesarlos con más claridad y reconocer patrones que necesitaban atención. También me proporcionó un registro de mis oraciones y reflexiones, que podía consultar para ver cómo Dios estaba obrando en mi vida.

Mantenerme socialmente activa fue otra clave para conservar mi bienestar mental. Me uní a un club de lectura local y a un grupo de jardinería comunitario, que me proporcionaron interacciones sociales regulares y un sentido de propósito. Estas actividades no solo mantuvieron mi mente ocupada, sino que también enriquecieron mi vida con nuevas amistades y experiencias compartidas.

La actividad física también desempeñó un papel vital en mi salud mental. Empecé a caminar todos los días, disfrutando del aire fresco y la belleza de la naturaleza. El ejercicio resultó ser una poderosa herramienta para reducir el estrés y mejorar mi estado de ánimo.

A través de estas prácticas, aprendí que mantener el bienestar mental requiere un enfoque holístico, que integre el cuidado espiritual, emocional y físico. Al dar prioridad a mi salud mental, encontré una mayor sensación de paz, propósito y alegría en mis años de jubilación.

Prueba algunas de estas prácticas, ¡te sorprenderá lo bien que te sentirás!

Próximos pasos

Esta semana, elige una nueva práctica que contribuya a tu bienestar mental, como rezar a diario, escribir un diario, unirte a un grupo social o hacer ejercicio con regularidad. Reflexiona sobre cómo esta práctica te ayuda a sentirte más equilibrada y en paz.

Oración

Querido Dios, guíame mientras busco mantener mi bienestar mental. Ayúdame a adoptar prácticas que me aporten paz y claridad, y lléname de Tu presencia tranquilizadora. Amén.

39
SALUD HOLÍSTICA

___ / ___ / _____

"Amado, deseo que te vaya bien en todo y que tengas buena salud, así como le va bien a tu alma".

— 3 JUAN 1:2 (ESV)

Imagina despertarte cada día sintiéndote equilibrada y llena de energía, sabiendo que estás cuidando de tu cuerpo, mente y alma en armonía.

Lograr un estilo de vida equilibrado y saludable que nutra tanto el cuerpo como el alma es esencial para el bienestar general. 3 Juan 1:2 nos anima a gozar de buena salud y prosperar en todos los aspectos de nuestra vida, reflejando la armonía entre el bienestar físico y la salud espiritual.

Empieza por considerar las distintas dimensiones del bienestar: física, emocional, espiritual y social. Cada una de estas áreas contribuye a tu salud general y requiere atención y cuidado.

- **Bienestar físico:** Realiza actividades que mantengan tu cuerpo fuerte y enérgico. El ejercicio regular, una dieta equilibrada y un

descanso adecuado son fundamentales. Intenta incorporar a tu rutina una combinación de ejercicios cardiovasculares, de fuerza y de flexibilidad. Presta atención a tu dieta, eligiendo alimentos nutritivos que alimenten tu cuerpo y favorezcan tu salud.
- **Bienestar emocional:** Dedica tiempo a cuidar tu bienestar emocional. Practica la atención plena o la meditación para reducir el estrés y mejorar tu resistencia emocional. Escribir un diario puede ser una herramienta poderosa para procesar las emociones y reflexionar sobre tus experiencias. Busca actividades que te aporten alegría y satisfacción, y no dudes en buscar apoyo cuando lo necesites.
- **Bienestar espiritual:** Fortalece tu salud espiritual mediante la oración, la meditación y el estudio de las Escrituras. Participa en prácticas que te acerquen a Dios y te ayuden a encontrar propósito y significado. Asiste a los servicios religiosos, únete a un grupo de estudio de la Biblia o reserva un tiempo cada día para la reflexión personal y la conexión con Dios.
- **Bienestar social:** Fomenta relaciones sólidas y de apoyo con tu familia, tus amigos y tu comunidad. Crear una red de vínculos positivos y afectuosos puede mejorar tu salud emocional y física. Haz voluntariado, participa en actividades grupales o simplemente pasa tiempo de calidad con tus seres queridos para cultivar estos importantes vínculos.

Imagina empezar tus mañanas con yoga para revitalizar tu cuerpo, seguido de un momento de tranquilidad para rezar y meditar y centrar tu espíritu. Podrías unirte a un centro comunitario local donde participar en eventos sociales y oportunidades de voluntariado, enriqueciendo tu vida social. Prestar atención a la dieta e incorporar alimentos frescos e integrales también puede contribuir a tu bienestar general.

Tu compromiso de integrar prácticas de bienestar puede transformar tus años de jubilación en un periodo de salud vibrante y crecimiento espiritual. Un enfoque holístico te permite prosperar física, emocional, espiritual y socialmente.

A medida que avances en tu jubilación, piensa en cómo puedes integrar las prácticas de bienestar en tu vida. Cuidando todas las dimensiones de tu salud, puedes lograr un estilo de vida equilibrado y satisfactorio que honre a Dios y mejore tu bienestar.

Próximos pasos

Esta semana, elige una práctica de bienestar de cada dimensión (física, emocional, espiritual y social) e intégrala en tu rutina diaria. Reflexiona sobre cómo estas prácticas contribuyen a tu bienestar general.

Oración

Querido Dios, guíame para integrar prácticas de bienestar en mi vida. Ayúdame a cuidar mi cuerpo, mente y espíritu, logrando una salud holística que te honre. Amén.

Disfrutar del estilo de vida de la jubilación

40
PASIÓN POR VIAJAR

___ / ___ / _____

"El Señor velará por tu entrada y tu salida, ahora y para siempre".

— SALMO 121:8

¿Alguna vez has sentido la emoción de planear una nueva aventura? La jubilación me brindó la oportunidad perfecta para abrazar mi pasión por viajar y explorar el mundo. El Salmo 121:8 me asegura que el Señor vela por mis idas y venidas, dándome confianza y paz al embarcarme en nuevos viajes.

Cuando me jubilé, me di cuenta de que por fin tenía tiempo para visitar los lugares que siempre había soñado ver. Uno de los viajes que más recuerdo es el que hice a Italia. Siempre me habían fascinado su rica historia, sus impresionantes paisajes y su deliciosa gastronomía.

Planificar el viaje fue toda una aventura. Pasé horas investigando las mejores ciudades para visitar, leyendo sobre su importancia histórica y planificando mi itinerario. Descubrí casas rurales de alojamiento encantadoras, pintorescas rutas de senderismo y platos locales que no podía dejar de probar. Cuanto más planificaba, más me entusiasmaba.

Cuando por fin llegué a Italia, fue todo lo que había esperado y más. Caminé por las antiguas calles de Roma, me maravillé con el arte de Florencia y disfruté de la serena belleza de la campiña toscana. Cada día estaba lleno de nuevas experiencias y descubrimientos, profundizando mi aprecio por la creación de Dios y las diversas culturas del mundo.

Este viaje me enseñó la importancia de ser flexible y estar abierta a nuevas experiencias. No todo salió según lo previsto, pero esos momentos inesperados a menudo se convirtieron en los más memorables. Aprendí a confiar en la guía de Dios, sabiendo que Él velaba por cada uno de mis pasos.

Planificar aventuras se ha convertido en una fuente de alegría y propósito en mi jubilación. Me permite seguir aprendiendo, creciendo y experimentando la belleza del mundo. Y a través de todo ello, recuerdo la constante presencia y protección de Dios.

Próximos pasos

Esta semana, empieza a planificar tu próxima aventura. Haz una lista de los destinos que te gustaría visitar y empieza a investigar los detalles. Abraza la emoción de descubrir nuevos lugares y confía en la protección y guía de Dios mientras viajas.

Oración

Querido Dios, gracias por la oportunidad de explorar Tu hermoso mundo. Guíame mientras planifico mis aventuras y cuida de mis idas y venidas. Amén.

41
EXPLORAR NUEVOS LUGARES

___ / ___ / _____

"Del Señor es la tierra y todo lo que hay en ella; el mundo y todos los que habitan en él".

— SALMO 24:1

¿Sabías que hay estudios que demuestran que las personas que viajan con regularidad son más felices y están más satisfechas con su vida? Viajar, ya sea local o global, puede ser una forma maravillosa de apreciar la belleza de la creación de Dios y experimentar Su presencia de formas nuevas y diversas. El Salmo 24:1 nos recuerda que la tierra pertenece al Señor, y explorarla puede profundizar nuestra conexión con Él.

En esta etapa de la vida, tienes la oportunidad de explorar destinos locales y globales con mayor libertad. Esto te permite conocer nuevas culturas, paisajes y personas, enriqueciendo tu comprensión del mundo y de la increíble creación de Dios.

Piensa en empezar con viajes locales. Seguro que hay muchos tesoros ocultos en tu comunidad o en las ciudades cercanas. Tómate tu tiempo para visitar parques, lugares históricos y eventos culturales. Estas pequeñas aventuras pueden aportar una sensación de descubrimiento y alegría sin necesidad de una planificación exhaustiva ni de grandes gastos.

A mayor escala, viajar por el mundo puede abrirte los ojos a la inmensidad y diversidad de la creación de Dios. Ya sea una visita guiada por las antiguas calles de Jerusalén, un retiro sereno en las montañas o un vibrante festival cultural en otro país, cada experiencia puede profundizar tu fe y ampliar tu perspectiva.

Imagina que paseas por un jardín botánico cercano, descubriendo la intrincada belleza de cada planta y flor. O imagínate al pie del Gran Cañón, maravillándote ante la inmensidad y majestuosidad de la obra de Dios. Estas experiencias, tanto grandes como pequeñas, pueden llenar tu corazón de gratitud y asombro.

Aquí tienes algunos consejos para aprovechar al máximo tus viajes:

- **Empieza por lo local:** Explora las atracciones cercanas y los tesoros ocultos de tu comunidad.
- **Planifica con antelación:** Investiga tus destinos para aprovechar al máximo tus viajes.
- **Mantén una actitud abierta:** Sé flexible y ábrete a experiencias y oportunidades inesperadas.
- **Reflexiona y comparte:** Tómate tu tiempo para reflexionar sobre tus viajes y compartir tus experiencias con los demás.

Al empezar por lo local, puedes ampliar poco a poco tus horizontes y ganar confianza para realizar viajes más largos. Planificar con antelación ayuda a sacar el máximo partido de cada viaje, mientras que mantener una actitud abierta permite aceptar las bendiciones inesperadas que se presentan en el camino. Reflexionar y compartir tus experiencias puede aumentar tu aprecio e inspirar a otros a emprender sus propios viajes.

Viajar no es solo conocer nuevos lugares; es experimentar el mundo de Dios y encontrar Su presencia en cada viaje. Abraza la aventura con un corazón abierto y deja que cada viaje te acerque más a Él.

Próximos pasos

Esta semana, planifica una visita a una atracción local que no hayas explorado antes. Reflexiona sobre cómo esta experiencia te ayuda a apreciar la creación de Dios y considera la posibilidad de planificar un viaje más extenso en el futuro.

Oración

Querido Dios, gracias por la oportunidad de explorar Tu hermoso mundo. Guía mis viajes y ayúdame a ver Tu mano en cada lugar que visito. Amén.

42
EL CAMINO DE LOS RECUERDOS
___ / ___ / _____

"Recuerda las maravillas que ha hecho, Sus milagros y los juicios que ha pronunciado".

— 1 CRÓNICAS 16:12

¿Alguna vez has recordado tus experiencias de viaje y has sentido una oleada de alegría y gratitud? Capturar recuerdos de viajes permite que reflexionemos sobre las maravillas que Dios nos ha mostrado y las aventuras que hemos disfrutado. 1 Crónicas 16:12 nos anima a recordar las maravillas que Él ha hecho, recordándonos Su presencia en cada viaje.

Durante mis viajes, cada uno de ellos fue una experiencia única llena de aprendizaje y crecimiento. Pero me di cuenta de que si no tomaba medidas para capturar estos recuerdos, podrían desvanecerse con el tiempo.

Una de mis formas favoritas de conservar los recuerdos de los viajes es escribir un diario. Después de cada día de exploración, me tomaba un tiempo para escribir mis pensamientos, experiencias y los lugares que había visto. Esta práctica no solo me ayudaba a recordar los detalles, sino que también me permitía reflexionar sobre las ideas espirituales que adquirí durante mis viajes.

La fotografía se convirtió en otra forma muy apreciada de capturar recuerdos. Me acostumbré a hacer fotos no solo de los bellos paisajes y lugares emblemáticos, sino también de los pequeños momentos significativos, como una conversación amistosa con un lugareño o un tranquilo momento de reflexión en un lugar sereno. Estas fotos se convirtieron en recordatorios visuales de las bendiciones de Dios durante mis viajes.

Otra actividad divertida fue crear álbumes de recortes. Recogía postales, talones de billetes y pequeños recuerdos de cada viaje y los colocaba junto a mis fotos y entradas del diario. Estos álbumes se convirtieron en preciados recuerdos que podía compartir con familiares y amigos para que conocieran parte de mis aventuras.

Compartir mis historias de viajes con los demás también se convirtió en una forma de capturar y revivir esos recuerdos. Ya fuera a través de conversaciones, escribiendo artículos o haciendo presentaciones en mi centro comunitario local, contar a otros mis viajes reforzaba las experiencias en mi mente y me permitía inspirar a otros a explorar el mundo.

Capturar recuerdos de viajes ha enriquecido mi vida, proporcionándome un registro duradero de las maravillosas experiencias con las que Dios me ha bendecido. Me ayuda a recordar Su presencia en cada aventura y mantiene viva en mi corazón la alegría de viajar. Te animo a que busques formas de conservar tus propios recuerdos de viajes, para que tú también puedas mirar atrás y ver cómo Dios ha estado contigo en cada viaje.

Próximos pasos

Esta semana, empieza a escribir un diario o un álbum de fotos para plasmar tus recuerdos de viaje. Reflexiona sobre tus viajes pasados y anota tus pensamientos, experiencias y conocimientos espirituales adquiridos. Considera la posibilidad de compartir tus historias con amigos y familiares para inspirarles.

Oración

Querido Dios, gracias por las maravillosas experiencias de viaje que he tenido. Ayúdame a capturar estos recuerdos y a recordar Tu presencia en cada viaje. Amén

43
LA FELICIDAD DEL DESCANSO

___ / ___ / _____

"En verdes praderas me hace descansar, junto a aguas tranquilas me conduce, refresca mi *alma*".

— SALMO 23:2-3

¿Sabías que tomarte un tiempo para relajarte regularmente puede reducir significativamente el estrés y mejorar tu bienestar general? En nuestro mundo acelerado, es fácil pasar por alto la importancia de la relajación, pero el Salmo 23:2-3 nos recuerda el alivio y la paz que provienen de descansar en la presencia de Dios.

Mientras disfrutas de las ventajas de la jubilación, tienes la maravillosa oportunidad de disfrutar de momentos de relajación y permitirte refrescarte. Es el momento perfecto para descubrir nuevas formas de desconectar y disfrutar de los placeres sencillos que traen paz al alma.

Piensa en las actividades que te ayudan a sentirte más tranquila. Ya sea leer un libro, pasear tranquilamente o dedicar tiempo a la oración y la meditación, estos momentos de relajación son esenciales para mantener el equilibrio y la alegría en la vida.

Imagínate sentada en un acogedor sillón con tu libro favorito en la mano, o tal vez tumbada en una hamaca a la sombra de un árbol, escuchando el suave susurro de las hojas. Imagina la tranquilidad de una playa serena, donde el sonido rítmico de las olas calma tu espíritu. Estos sencillos momentos de descanso pueden aportar una inmensa paz y felicidad.

Aquí tienes algunas formas de disfrutar de la relajación:

- **Leer:** Sumérgete en un buen libro o devocional.
- **Caminar:** Pasea tranquilamente por la naturaleza o por tu vecindario.
- **Meditar:** Dedica un tiempo a la oración o a la meditación, reflexionando sobre la Palabra de Dios.
- **Escuchar música:** Disfruta de melodías relajantes o canciones de alabanza edificantes.
- **Aficiones creativas:** Realiza actividades que te aporten alegría, como tejer, pintar o trabajar en el jardín.

Al incorporar estas actividades relajantes a tu rutina diaria, puedes crear un ritmo de descanso y renovación. Recuerda que la relajación no consiste solo en holgazanear, sino en encontrar la felicidad en los momentos de tranquilidad y quietud, dejando que Dios refresque tu alma.

Próximos pasos

Esta semana, elige una actividad relajante para incorporarla a tu rutina diaria. Reflexiona sobre cómo esta práctica te ayuda a sentirte más tranquila y conectada con la presencia de Dios.

Oración

Querido Dios, gracias por el don de la relajación. Ayúdame a encontrar la dicha en los momentos de descanso y a sentir Tu presencia refrescante en mi vida. Amén.

44
SERENIDAD EN CASA

___ / ___ / _____

"La paz os dejo; mi paz os doy. No os la doy como la da el mundo. No se turbe vuestro corazón ni tengáis miedo".

— JUAN 14:27

Crear un santuario de paz en tu hogar puede ayudarte a experimentar la paz divina que Jesús promete en Juan 14:27. Esta paz trasciende los problemas mundanos y trae tranquilidad a tu alma.

Mi hermana, Chloe, se jubiló hace poco y aprovechó el tiempo para transformar su casa en un remanso de tranquilidad. Chloe se dio cuenta de que, tras años de ajetreo profesional y de criar a su familia, su casa estaba desordenada y era un caos. Anhelaba un espacio tranquilo donde poder relajarse, reflexionar y conectar con Dios. Chloe empezó a ordenar su hogar, deshaciéndose de los objetos innecesarios y conservando solo aquellos que le aportaban alegría y paz. Este proceso no solo despejó su espacio físico, sino que también le ayudó a despejar su mente.

Luego, Chloe se centró en crear ambientes tranquilos en cada habitación. Añadió una iluminación suave, asientos cómodos y colores relajantes a su salón, y creó un rincón de lectura acogedor con una silla cómoda, una manta suave y una mesita para su Biblia y libros devocionales. En su dormitorio utilizó telas ligeras y aireadas y añadió algunas plantas para dar un toque de naturaleza al interior.

También dedicó un pequeño rincón de su casa a la oración y la meditación. Colocó un cómodo cojín, una pequeña cruz y una vela en este espacio, convirtiéndolo en un lugar dedicado a pasar momentos de tranquilidad con Dios. Este espacio sencillo e intencionado se convirtió en su refugio, donde podía retirarse para momentos de reflexión y oración.

Los esfuerzos de Chloe dieron sus frutos. Su hogar se convirtió en un santuario de paz y serenidad, un lugar donde sentía más profundamente la presencia de Dios. Descubrió que crear un espacio de paz en casa era una forma poderosa de alimentar su espíritu y mejorar su sensación de bienestar. Al crear un entorno sereno, tú también puedes cultivar un espacio donde te sientas en paz y conectada con Dios. Un hogar tranquilo es un regalo que puedes hacerte a ti misma, uno que te proporciona comodidad y alimento espiritual.

Próximos pasos

Esta semana, elige una zona de tu casa para ordenarla y transformarla en un espacio tranquilo. Añade elementos relajantes como una luz tenue, asientos cómodos o plantas. Dedica un lugar a la oración y la reflexión.

Oración

Querido Dios, ayúdame a crear un espacio de paz en mi hogar donde pueda sentir Tu presencia y encontrar descanso para mi alma. Guíame mientras transformo mi entorno para que refleje Tu paz. Amén.

45
PASATIEMPOS TRANQUILOS

___ / ___ / _____

"Venid a mí todos los que estáis cansados y agobiados, y
yo os daré descanso".

— MATEO 11:28

¿Alguna vez has sentido la necesidad de encontrar tranquilidad y descanso en tu vida diaria? Realizar actividades relajantes puede aportar paz a tu mente y a tu cuerpo, especialmente durante la jubilación. Mateo 11:28 nos invita a acudir a Jesús en busca de descanso, recordándonos que encontrar momentos de calma es esencial para nuestro bienestar.

Es muy importante incorporar a tu rutina pasatiempos tranquilos. Estas actividades no solo ayudan a desconectar y relajarte, sino que también ofrecen oportunidades para la reflexión y el crecimiento espiritual.

Una de mis actividades relajantes favoritas es la jardinería. Cuidar mis plantas y flores me produce una sensación de calma y satisfacción. El acto de cultivarlas y verlas crecer me recuerda la creación de Dios y su cuidado por nosotros. Pasar tiempo en mi jardín me permite conectar con la naturaleza y encontrar la paz en la belleza que me rodea.

Aquí tienes algunas actividades relajantes de las que podrías disfrutar:

- **Jardinería:** Conecta con la naturaleza y cultiva plantas.
- **Leer:** Sumérgete en un buen libro o devocional.
- **Tejer/Ganchillo:** Practica un pasatiempo creativo y relajante.
- **Caminar:** Pasea tranquilamente por un parque o por tu vecindario.
- **Escuchar música:** Disfruta de melodías relajantes o canciones de alabanza edificantes.
- **Dibujar/Pintar:** Exprésate creativamente en un entorno tranquilo.

La lectura también se ha convertido en un pasatiempo muy apreciado para mí. Sumergirme en un buen libro me permite escapar del ajetreo de la vida y me brinda la oportunidad de aprender y reflexionar. Es una forma sencilla pero poderosa de relajarme y recargar las pilas.

Tejer y hacer ganchillo me han aportado una sensación de relajación y realización. Estas manualidades me ayudan a calmar mi mente y me permiten crear algo hermoso. Son formas maravillosas de pasar el tiempo de forma productiva y, al mismo tiempo, encontrar la paz.

Dedicarme a estos pasatiempos tranquilos ha enriquecido mi jubilación, proporcionándome momentos de calma y ayudándome a mantener una vida equilibrada y alegre. Querida lectora, te animo a explorar actividades relajantes que te aporten paz y te permitan descansar en la presencia de Dios.

Próximos pasos

Esta semana, elige una actividad relajante para incorporarla a tu rutina diaria. Tómate tiempo para disfrutar de este pasatiempo tranquilo y reflexiona sobre cómo aporta tranquilidad y descanso a tu vida.

Oración

Querido Dios, gracias por el don de los pasatiempos tranquilos. Ayúdame a encontrar momentos de descanso y relajación en mi vida diaria, y acércame más a Ti a través de estas actividades. Amén.

46
RECONOCER LOS LOGROS

___ / ___ / _____

"No nos cansemos de hacer el bien, porque a su debido tiempo recogeremos la cosecha si no nos damos por vencidos".

— GÁLATAS 6:9

¿Te has tomado un momento para reflexionar sobre lo lejos que has llegado? Reconocer tu progreso es fundamental para mantener la motivación y la gratitud. Gálatas 6:9 nos recuerda que la perseverancia conducirá a una cosecha gratificante.

En la jubilación, tienes muchos hitos que celebrar. Estos logros marcan tu camino y la fidelidad de Dios.

Celebra hitos personales como aniversarios y cumpleaños. Cada año es un testimonio de tu trayectoria vital y tus experiencias.

Reflexiona sobre tus logros profesionales. Piensa en los proyectos que has completado y los retos que has superado. Tu impacto profesional es una parte importante de tu historia.

No olvides los hitos espirituales. Celebra tu crecimiento en la fe, una vida de oración más profunda y tu servicio en la iglesia. Son profundos y dignos de reconocimiento.

Los hitos familiares también son esenciales. Aprecie el nacimiento de tus nietos, los logros de tus hijos y las reuniones familiares. Estos momentos refuerzan los lazos y crean recuerdos duraderos.

Los hitos de salud y bienestar también importan. Celebra los pasos que has dado para mejorar tu salud, como el ejercicio regular y la alimentación saludable. Estos logros reflejan tu compromiso de cuidar el cuerpo que Dios te ha dado.

Al reconocer estos hitos, da gracias a Dios por su guía. Reconocer tu progreso te llena de alegría y te motiva para alcanzar nuevas metas.

Próximos pasos

Esta semana, reflexiona sobre tus hitos y anótalos. Celebra estos logros y agradece a Dios su apoyo.

Oración

Querido Dios, gracias por guiarme a lo largo de mi viaje. Ayúdame a reconocer y celebrar mis logros con gratitud y propósito. Amén.

47
ORGANIZAR EVENTOS MEMORABLES

___ / ___ / _____

"Ofrezcan hospitalidad unos a otros sin refunfuñar".

—1 PEDRO 4:9

¿Organizar eventos memorables en tu hogar puede ser una hermosa manera de compartir la alegría y crear comunidad. 1 Pedro 4:9 nos anima a ofrecer hospitalidad unos a otros sin refunfuñar, destacando la importancia de acoger a los demás con un corazón generoso.

Maureen era una mujer que disfrutaba organizando reuniones para su familia y amigos. A Maureen siempre le había gustado reunir a la gente, pero su ajetreada carrera le dejaba poco tiempo para estas actividades. La jubilación le brindó la oportunidad perfecta para reconectar con su amor por organizar reuniones.

Una tarde de verano, Maureen decidió organizar una fiesta en el jardín. Pasó toda la semana preparándola, podando su jardín, plantando flores y preparando encantadoras zonas para sentarse. El día de la fiesta, Maureen horneó sus famosas barritas de limón y dispuso una colorida mesa con sus mejores platos. El aroma de los dulces caseros y las flores llenaba el ambiente y creaba una atmósfera acogedora.

A medida que llegaban sus invitados, Maureen saludaba a cada uno con un cálido abrazo y una sonrisa genuina. El jardín se llenó rápidamente de animadas charlas y risas. Maureen se movía con soltura entre sus invitados, asegurándose de que todos se sintieran bienvenidos e incluidos. Presentó a los nuevos amigos a los viejos, suscitando conversaciones que fluyeron con naturalidad.

En un momento dado, Maureen se fijó en su vecina, la señora Thompson, que estaba sentada en silencio sola. Recordando que la señora Thompson había perdido recientemente a su marido, Maureen se sentó con delicadeza a su lado y entabló con ella una sincera conversación. Al final de la tarde, la Sra. Thompson reía y compartía historias con el grupo, con el rostro radiante de alegría.

La fiesta en el jardín fue un éxito rotundo. Cuando el sol se puso y los invitados empezaron a marcharse, muchos le dieron las gracias a Maureen por una tarde tan maravillosa. Ella se sintió muy satisfecha, sabiendo que había creado un espacio para que sus seres queridos se relacionaran y disfrutaran. Su casa se convirtió en un lugar donde la gente se sentía cómoda y valorada, lo que enriqueció sus años de jubilación.

Organizar eventos memorables no tiene por qué ser complicado. La clave está en hacer que tus invitados se sientan especiales y crear un ambiente cálido y acogedor. Si abres tu casa y tu corazón a los demás, podrás reunir alegría y construir una comunidad que se apoye y se anime mutuamente.

Próximos pasos

Esta semana, organiza una reunión sencilla en tu casa. Ya sea una merienda, una cena o una noche de juegos, concéntrate en crear un ambiente cálido y acogedor para tus invitados.

Oración

Querido Dios, ayúdame a ofrecer hospitalidad con un corazón generoso. Guíame para crear reuniones alegres que reflejen Tu amor y unan a las personas. Amén.

48
CONMEMORAR MOMENTOS

___ / ___ / _____

"Acuérdate de las cosas pasadas, de las de antaño; yo soy Dios, y no hay otro; yo soy Dios, y no hay nadie como yo".

— ISAÍAS 46:9

¡Los hitos personales no son solo cosa de jóvenes! Cada logro, por pequeño que sea, se convierte en una oportunidad para reflexionar sobre las bendiciones de Dios y expresar gratitud. Ya sea un cumpleaños importante, el nacimiento de un nieto o la finalización de un proyecto a largo plazo, celebrar estos momentos aporta significado y alegría a la vida.

Un hito personal memorable fue el nacimiento de mi primer nieto. Sostener esa pequeña vida en mis brazos me llenó de inmensa alegría y gratitud. Decidimos celebrar este nuevo miembro de la familia con un encuentro especial, reuniendo a nuestros seres queridos para dar la bienvenida y rezar por él.

Aquí tienes algunas formas de celebrar los hitos personales:

- **Organiza una reunión:** Invita a tus seres queridos a celebrar contigo.
- **Crea un álbum de recuerdos:** Documenta tus hitos con fotos y reflexiones.
- **Haz un viaje especial:** Celebra visitando un destino significativo.
- **Da gracias:** Dedica tiempo a la oración, dando gracias a Dios por sus bendiciones.
- **Comparte tu historia:** Inspira a los demás compartiendo tu trayectoria y tus logros.

Conmemorar estos momentos no tiene por qué ser algo elaborado. Incluso un simple reconocimiento puede aportar alegría y una sensación de logro. Descubrí que crear un libro de recuerdos, lleno de fotos y reflexiones, era una forma maravillosa de conmemorar estos momentos especiales. Cada página se convirtió en un testimonio de la gracia de Dios y del viaje en el que me ha guiado.

Participar en estas prácticas ha enriquecido mi jubilación, proporcionándome momentos de alegría y gratitud. Te animo a que encuentres formas de celebrar tus hitos personales, reconociendo las etapas de tu vida y la presencia de Dios en cada una de ellas.

Próximos pasos

Esta semana, identifica un hito personal reciente y elige una manera de celebrarlo. Reflexiona sobre cómo este hito marca una época de tu vida y da gracias por las bendiciones de Dios.

Oración

Querido Dios, gracias por los hitos de mi vida. Ayúdame a celebrar estos momentos con alegría y gratitud, reconociendo Tu mano en cada logro. Amén.

49
ESCRIBIR UN DIARIO DE TU VIAJE

___ / ___ / _____

"Recuerdo los días de *antaño*; medito en todas tus obras y considero lo que han hecho tus manos".

— SALMO 143:5

¿*H*as pensado en el poder de reflexionar sobre tu año a través de un diario? Llevar un diario te ayuda a meditar sobre las obras de Dios en tu vida, tal y como nos anima a hacer el Salmo 143:5. Es una manera maravillosa de documentar tu viaje y ver Su mano en cada momento.

Al disfrutar de tu jubilación, escribir un diario puede ser una práctica muy gratificante. Aquí tienes algunos consejos y trucos que te ayudarán a empezar y a sacar el máximo partido a tu diario:

1. **Establece un horario fijo:** Encuentra un momento fijo cada día o cada semana para escribir en tu diario. Ya sea por la mañana con el café o por la noche antes de acostarte, establecer una rutina ayuda a convertir el diario en un hábito.
2. **Elige el diario adecuado:** Elige un diario que te resulte adecuado. Puede ser un libro con una bonita encuadernación,

un simple cuaderno o incluso un diario digital. Lo importante es que sea algo que te guste utilizar.
3. **Empieza con gratitud:** Empieza cada entrada enumerando algunas cosas por las que estás agradecida. Esta práctica establece un tono positivo y te ayuda a centrarte en las bendiciones de tu vida.
4. **Reflexiona sobre tu día:** Escribe sobre los acontecimientos de tu día, tus pensamientos y tus sentimientos. Reflexiona sobre cómo viste la mano de Dios obrando y qué aprendiste de tus experiencias.
5. **Establece objetivos y haz un seguimiento de tu progreso:** Utiliza tu diario para establecer objetivos personales y hacer un seguimiento de tu progreso. Puede ser cualquier cosa, desde objetivos de salud y bienestar hasta crecimiento espiritual y nuevas aficiones.
6. **Incorpora las Escrituras:** Incluye los versículos de la Biblia que más te resuenen. Reflexiona sobre cómo estas escrituras se aplican a tu vida y las ideas que te aportan.
7. **Sé honesta:** No evites escribir sobre tus retos y dificultades. La honestidad en tu diario te permite una reflexión y un crecimiento genuinos.
8. **Utiliza indicaciones:** Si no estás segura de sobre qué escribir, utiliza indicaciones en tu diario. Preguntas como "¿Qué he aprendido hoy?" o "¿Cómo he notado la presencia de Dios en mi vida?" pueden ayudarte a inspirarte para escribir.
9. **Revisa y reflexiona:** Revisa periódicamente las entradas de tu diario. Reflexiona sobre tu crecimiento, las lecciones aprendidas y la fidelidad de Dios a lo largo de tu viaje.
10. **Expresa tu creatividad:** Siéntete libre de incluir dibujos, fotos u otros elementos creativos en tu diario. Es un espacio personal para que te expreses plenamente.

Escribir un diario es una poderosa herramienta de reflexión y crecimiento espiritual. Al documentar tu viaje, descubrirás que te ayuda a mantenerte conectada con la presencia de Dios y a reconocer Sus bendiciones en tu vida.

Próximos pasos

Esta semana, empieza a hacer un diario y comprométete a escribir con regularidad. Utiliza los consejos anteriores como guía y verás cómo reflexionar sobre tu viaje mejora tu sentido de la gratitud y tu crecimiento espiritual.

Oración

Querido Dios, ayúdame a reflexionar sobre mi viaje a través de la escritura de un diario. Guía mis pensamientos y ayúdame a ver Tu mano en cada momento. Amén.

50
CORAZÓN AGRADECIDO

___ / ___ / _____

"Dad gracias en toda circunstancia, porque esta es la voluntad de Dios para con vosotros en Cristo Jesús".

— 1 TESALONICENSES 5:18

*P*racticar la gratitud es una poderosa manera de mejorar tu sensación de bienestar y profundizar en tu relación con Dios. 1 Tesalonicenses 5:18 nos recuerda que debemos dar gracias en toda circunstancia, lo que pone de relieve la importancia de mantener un corazón agradecido.

Pensemos en la historia de mi abuela, cuya vida fue un testimonio del poder de la gratitud. A pesar de enfrentarse a numerosos retos, siempre encontraba motivos para estar agradecida. Su práctica del agradecimiento era evidente en los pequeños momentos cotidianos que muchos podrían pasar por alto.

La abuela tenía la costumbre de llevar un diario de gratitud. Todas las noches se sentaba junto a la ventana con una taza de té, reflexionaba sobre su día y escribía tres cosas por las que estaba agradecida. Algunas anotaciones eran sencillas, como la belleza de una puesta de sol o una palabra amable de un vecino, mientras que otras eran profundas, como la fuerza para superar una situación difícil.

En un año particularmente difícil, nuestra familia se enfrentó a numerosas pruebas, entre ellas dificultades económicas y problemas de salud. Sin embargo, la gratitud de la abuela nunca decayó. Recuerdo una tarde en la que compartió una entrada de su diario: "Hoy estoy agradecida por el techo que nos cubre, la comida que tenemos en la mesa y el amor que compartimos como familia". Su inquebrantable gratitud nos ayudó a todos a ver las bendiciones en medio de las dificultades.

También expresaba su agradecimiento con actos de bondad. Horneaba galletas para nuestros vecinos, escribía notas de agradecimiento a sus amigos y trabajaba como voluntaria en el albergue local. Estos pequeños actos eran su forma de retribuir y mostrar su agradecimiento a la comunidad que la apoyaba.

Su gratitud era contagiosa. Inspirada por su ejemplo, empecé mi propio diario de gratitud. Esta práctica transformó mi perspectiva, ayudándome a centrarme en los aspectos positivos de mi vida y a ver la mano de Dios en cada circunstancia.

Una de las lecciones de gratitud más memorables tuvo lugar durante una reunión familiar. A pesar de su artritis, la abuela insistió en preparar un banquete casero para todos. Cuando nos reunimos alrededor de la mesa, nos dirigió en una sentida oración de agradecimiento, recordándonos la importancia de apreciarnos unos a otros y las bendiciones que teníamos.

A través de su práctica de la gratitud, la abuela nos enseñó que apreciar las pequeñas cosas de la vida conduce a un sentido más profundo de alegría y satisfacción. Su corazón agradecido era un recordatorio constante de la bondad y la fidelidad de Dios.

Al reflexionar sobre tu propia vida, considera la posibilidad de adoptar una práctica de gratitud. Ya sea escribiendo un diario, expresando tu agradecimiento a través de actos de bondad o simplemente deteniéndote a apreciar la belleza que te rodea, cultivar un corazón agradecido puede transformar tu perspectiva y acercarte más a Dios.

Próximos pasos

Esta semana, empieza a escribir un diario de gratitud. Escribe cada día tres cosas por las que estés agradecida. Reflexiona sobre cómo esta práctica cambia tu perspectiva y profundiza tu aprecio por las bendiciones en tu vida.

Oración

Querido Dios, gracias por las innumerables bendiciones en mi vida. Ayúdame a cultivar un corazón agradecido y a apreciar Tu bondad en todas las circunstancias. Amén.

51
ABRAZAR TU CRECIMIENTO

___ / ___ / _____

"Considerad pura alegría, hermanos míos, cada vez que os enfrentéis a pruebas de muchas clases, porque sabéis que la prueba de vuestra fe produce perseverancia".

— SANTIAGO 1:2-3

¿Alguna vez has reflexionado sobre las lecciones que has aprendido a lo largo de tu vida? Abrazar el crecimiento que proviene de nuestras experiencias, tanto buenas como malas, es esencial para el desarrollo personal y espiritual. Santiago 1:2-3 nos anima a alegrarnos incluso en las pruebas, sabiendo que producen perseverancia y crecimiento en nuestra fe.

Al jubilarme, he descubierto lo valioso que es recordar las lecciones que me ha enseñado la vida. Cada reto y cada triunfo han dado forma a quién soy hoy. Reflexionar sobre estas experiencias me ha permitido ver la mano de Dios en mi camino, guiándome en cada etapa.

Una lección significativa que he aprendido es la importancia de la paciencia y la confianza en el tiempo de Dios. Hubo momentos en mi vida en los que me sentí perdida o impaciente, preguntándome por qué las cosas no sucedían como yo había planeado.

Pero mirando atrás, veo cómo el tiempo de Dios fue perfecto, llevándome a oportunidades y bendiciones que no podría haber anticipado.

Otra lección es el valor del perdón, tanto a los demás como a mí misma. Aferrarnos al rencor o a los remordimientos solo nos agobia. Al abrazar el perdón, encontré la paz y la capacidad de seguir adelante con un corazón más ligero.

Aquí tienes algunas formas de abrazar tu crecimiento:

- **Reflexiona sobre tus experiencias:** Tómate tiempo para escribir en un diario o meditar sobre las lecciones que has aprendido.
- **Celebra tu progreso:** Reconoce lo lejos que has llegado y el crecimiento que has experimentado.
- **Comparte tu sabiduría:** Inspira a los demás compartiendo las lecciones que has aprendido y cómo te han moldeado.
- **Busca el crecimiento continuo:** Mantente abierta a nuevas experiencias y lecciones que puedan impulsar tu desarrollo personal y espiritual.

Reflexionar sobre estas lecciones me ha aportado una inmensa gratitud y una comprensión más profunda de mi camino de fe. Compartir estas ideas con los demás, ya sea a través de conversaciones, escribiendo o enseñando, me ha permitido conectar e inspirar a los que me rodean.

Abrazar el crecimiento significa reconocer tanto las alegrías como las dificultades de la vida, viéndolas como oportunidades de aprendizaje y transformación. Se trata de reconocer la presencia de Dios en cada momento y confiar en que Él nos está moldeando según Su plan perfecto.

Al reflexionar sobre tu propio viaje, considera las lecciones que has aprendido y cómo han contribuido a tu crecimiento. Acepta estas experiencias con gratitud y deja que te guíen hacia una relación más profunda con Dios y hacia una vida más rica y plena.

Próximos pasos

Esta semana, tómate un tiempo para reflexionar sobre las lecciones significativas que has aprendido a lo largo de tu vida. Escríbelas y piensa en cómo han moldeado tu crecimiento. Comparte una de estas lecciones con un amigo o un ser querido.

Oración

Querido Dios, gracias por las lecciones que he aprendido y el crecimiento que me han aportado. Ayúdame a abrazar estas experiencias con gratitud y continúa guiándome en mi camino. Amén.

52
PLANIFICAR EL FUTURO

___ / ___ / _____

"Porque yo sé los planes que tengo para vosotros", declara el Señor, "planes de prosperaros y no de perjudicaros, planes de daros esperanza y futuro".

— JEREMÍAS 29:11

¿*H*as pensado en cómo quieres forjar tu futuro? Jeremías 29:11 nos recuerda que Dios tiene planes para darnos esperanza y un futuro. Abrazando esta promesa, la jubilación es el momento perfecto para prever y planificar el siguiente capítulo de tu vida.

Mientras miras hacia el futuro, ten en cuenta estos consejos que te ayudarán a planificar un futuro satisfactorio:

1. **Establece objetivos claros:** Determina lo que quieres lograr en los próximos años. Ya sea viajar, aprender nuevas habilidades o hacer voluntariado, establecer objetivos claros te da dirección y propósito.

2. **Mantén el contacto:** Mantén y construye relaciones con tu familia, amigos y tu comunidad religiosa. Las relaciones sociales sólidas son vitales para el bienestar emocional y espiritual.
3. **Adopta el aprendizaje permanente:** Mantén tu mente activa buscando nuevos intereses. Asiste a clases, lee libros o únete a grupos de debate para seguir creciendo y aprendiendo.
4. **Prioriza la salud y el bienestar:** Concéntrate en mantener tu salud física mediante el ejercicio regular, una dieta equilibrada y revisiones rutinarias. Considera actividades como el yoga, la natación o caminar para mantenerte activa.
5. **Crecimiento espiritual:** Profundiza en tu relación con Dios a través de la oración, el estudio de la Biblia y la meditación. Únete a un grupo pequeño o asiste a retiros para fortalecer tu fe.
6. **Planificación financiera:** Revisa tus finanzas y haz planes para garantizar la estabilidad financiera. Consulta con un asesor financiero si es necesario para gestionar tus recursos con eficacia.
7. **Haz voluntariado y retribuye:** Busca formas de servir a los demás en tu comunidad. El voluntariado puede proporcionarte un sentido de propósito y satisfacción, ayudándote a mantenerte comprometida y conectada.
8. **Dedícate a tus aficiones y pasiones:** Dedica tiempo a las actividades que te gustan. Ya sea la jardinería, pintar o tocar música, dedicarte a tus aficiones puede aportarte alegría y satisfacción.
9. **Viaja y explora:** Si viajar es uno de tus objetivos, empieza a planificar tus aventuras. Ya sea explorando atracciones locales o destinos lejanos, viajar puede enriquecer tu vida y ampliar tus perspectivas.
10. **Revisa y ajusta:** Revisa regularmente tus objetivos y tu progreso. Mantén una actitud abierta para ajustar tus planes según sea necesario, manteniéndote flexible para aceptar nuevas oportunidades y retos.

A medida que avanzas en este nuevo capítulo de la jubilación y más allá, recuerda buscar la guía de Dios en todos tus esfuerzos. Confía en Sus planes para ti y emprende el viaje con esperanza y entusiasmo. Este año devocional puede estar terminando, pero el viaje de crecimiento y descubrimiento continúa. Lleva contigo las lecciones, reflexiones y metas que te has propuesto, sabiendo que la guía y el amor de Dios te acompañan en cada paso del camino.

Próximos pasos

Esta semana, tómate un tiempo para esbozar tus objetivos futuros. Ora pidiendo a Dios que te guíe en tu planificación y escribe los pasos que te ayudarán a conseguirlos.

Oración

Querido Dios, gracias por los planes que tienes para mi futuro. Guíame mientras imagino y planifico el próximo capítulo de mi vida. Ayúdame a confiar en Tu guía y a aprovechar las oportunidades que se me presenten. Amén.

TRANSMITIR LA SABIDURÍA

"Por tanto, animaos unos a otros y *edificaos* mutuamente, tal como lo estáis haciendo".

— 1 TESALONICENSES 5:11

Ahora que has completado "*El Devocionario de un Año para Mujeres Jubiladas*", dispones de una gran cantidad de conocimientos e inspiración que te ayudarán a encontrar un propósito, plenitud y alegría en la jubilación. Es hora de compartir tu nueva sabiduría y mostrar a otras lectoras dónde pueden encontrar la misma orientación.

Con solo dejar tu opinión sincera sobre este libro en Amazon, mostrarás a otras mujeres jubiladas dónde pueden encontrar el ánimo y las ideas que están buscando, ayudándolas a descubrir la paz y la plenitud en esta nueva etapa de la vida.

Gracias por tu ayuda. El viaje de la jubilación se enriquece cuando compartimos nuestros conocimientos y experiencias con otras personas, y tú me estás ayudando a hacerlo.

ESCANÉAME

Tu reseña es un testimonio de tu viaje y un faro de esperanza para otras mujeres que se jubilan o están a punto de jubilarse. Al compartir tus pensamientos, estás apoyando la misión de este devocionario y animando a otras personas a encontrar su camino hacia la plenitud y la alegría.

Gracias por formar parte de esta comunidad de mujeres que abrazan la jubilación con gracia y confianza. Que Dios te siga bendiciendo y te use como una luz en la vida de los demás.

Con gratitud,

Biblical Teachings

Y ASÍ, EL VIAJE CONTINÚA

Al llegar al final de este viaje devocionario de un año, tómate un momento para reflexionar sobre el crecimiento y los cambios que has experimentado. Cada semana, has explorado nuevas dimensiones de tu fe, descubierto nuevos propósitos y fortalecido tus conexiones con los demás y con Dios.

La transición a la jubilación no es solo un final, sino un nuevo comienzo. Es el momento de aprovechar la sabiduría que has adquirido, las relaciones que has cultivado y los conocimientos espirituales que has descubierto. Reflexiona sobre cómo estos devocionales te han ayudado a superar los retos y las alegrías de esta etapa de la vida.

Recuerda que el viaje no termina aquí. Sigue buscando la guía de Dios en todos los aspectos de tu vida. Deja que las lecciones y hábitos que has desarrollado durante el año pasado te inspiren. Sigue encontrando nuevas formas de servir, amar y conectar con los que te rodean.

A medida que avances, lleva contigo la paz y la plenitud que provienen de una relación más estrecha con Dios. Comparte tus experiencias y la alegría que has encontrado con los demás, convirtiéndote en un faro de esperanza y aliento en tu comunidad.

Gracias por permitir que este devocionario forme parte de tu viaje. Ha sido un honor compartir estas reflexiones e historias contigo. Rezo para que continúen inspirándote, desafiándote y acercándote al corazón de Dios. Que siempre recuerdes que eres amada, valorada y que tienes un propósito único en Cristo.

Sigue adelante con gracia y confianza, sabiendo que los planes de Dios para ti están llenos de esperanza y futuro. Tus mejores días están por venir, y el capítulo más satisfactorio de tu vida acaba de empezar.

Con amor y oraciones,

El equipo de Biblical Teachings

www.ingramcontent.com/pod-product-compliance
Lightning Source LLC
Chambersburg PA
CBHW071209070526
44584CB00019B/2968